Débora Tabacof

Um Lama Tibetano na Amazônia

Ofício das Palavras
literatura a quatro mãos

*Este livro é uma homenagem
a Lama Gangchen, o primeiro Lama
Tibetano a visitar a Amazônia – 1996.*

Lama Gangchen relaxando sobre as raízes na Amazônia.

Este livro é dedicado a Lama Caroline Dorje Khanyen Lhamo, inglesa estudiosa do sânscrito e dos textos originais tibetanos, por sua capacidade de organizar os ensinamentos de Lama Gangchen Rinpoche em uma obra transversal de tantas culturas, e pela coragem de sustentar a posição de mulher entronada junto a lideranças mundiais. Ela é um diferencial de sabedoria no planeta Terra e uma grande amiga da Amazônia.

Lama Caroline com Cacique Dadá Borari no rio Maró

Foto: Andrea Ribeiro

Prefácio

Gostaria de parabenizar minha querida amiga Debora por escrever este adorável livro. Meu nome é Lama Caroline e por 30 anos tive o grande privilégio de trabalhar com Lama Gangchen Rinpoche e acompanhá-lo em suas viagens espirituais de ensinamentos pelo mundo, incluindo em todas as viagens da aachaa na Amazônia.

Estamos em um momento crucial na história da humanidade, podemos continuar a agir de forma egoísta e destruir a biosfera e nossa assim chamada civilização, ou podemos trabalhar juntos, combinando o melhor da tecnologia de sabedoria antiga e moderna para curar e recuperar a Mãe Terra, Mãe Água, Mãe Fogo, Mãe Vento e Mãe Espaço.

Desde a década de 1980, Lama Gangchen, de forma positiva, alegre e divertida, repetidamente nos ajudou a despertar e a recuperar o sentimento de preciosidade e sacralidade do meio ambiente. Rinpoche tinha um grande respeito por todas as culturas indígenas antigas e pelos povos da Amazônia. Os próprios amazônidas, quando conheceram Lama Gangchen, imediatamente, reconheceram suas qualidades de sabedoria, de coração a coração, viram que era um líder espiritual para fazer o melhor, para ajudar.

Gostaria de compartilhar uma de suas palestras que proferiu na Amazônia.

Novas soluções para curar a Amazônia - por TYS Lama Gangchen Rinpoche

Hoje em dia não é possível resolver nossos complexos problemas ambientais usando um único método. Precisamos juntar o melhor da sabedoria ambiental antiga e moderna para encontrar uma maneira mais eficaz e realista de preservar a Amazônia para as gerações futuras.

Enquanto eu, pessoalmente, estou promovendo a cura ambiental tântrica como forma de regenerar nosso ecossistema, também apoio muitas das ideias do movimento ambientalista moderno. Acho que precisamos de toda a ajuda que conseguirmos. Acredito que para preservar a floresta amazônica precisamos de manejo sustentável e uma das melhores formas de desenvolver isso é envolver as comunidades locais no desenvolvimento comercial. Irá garantir um desenvolvimento de forma rentável assim como ecologicamente e socialmente justo. Um bom exemplo é a Cooperativa Florestal Yanesha de índios amazônicos peruanos que protegem sua floresta contra criadores de gado e desenvolvedores e, ao mesmo tempo, ganham a vida exportando produtos florestais para a Europa e América. Os Yanesha trabalham com a Ecological Trading Company of Britain [*Companhia Britânica de Comérico Ecológico*] para extrair e exportar mogno e outras madeiras nobres valiosas de maneira sustentável. A floresta é cortada em longas faixas finas para permitir sua regeneração e as toras são removidas por bois, não por tratores. Eliminando os intermediários, os Yanesha recebem por uma árvore tanto dinheiro quanto normalmente recebem das empresas madeireiras por cem árvores. É muito melhor para as florestas e para o planeta como um todo, se as comunidades indígenas da floresta amazônica combinarem suas técnicas ancestrais com a tecnologia moderna para extraírem e processarem a madeira de forma sustentável, sem prejudicar a floresta. Técnicas de extração ecologicamente seguras deixarão muito mais da floresta intacta para as gerações futuras.

Assim como agora temos a convenção das Nações Unidas sobre direitos humanos, também precisamos de uma convenção das Nações Unidas sobre direitos ambientais, que seja aplicada pela Corte Internacional de Justiça em Haia para lutar pelo direito de todos por um meio ambiente limpo e saudável. Deveria haver uma lei ambiental que assegure, quando grandes empresas se propõem a minerar, explorar ou desenvolver a Amazônia, que as comunidades locais, aquelas que vivenciam as mudanças ambientais e a poluição, sejam informadas e envolvidas no processo de tomada de decisão. Precisamos entender as consequências de longo e curto prazo de nossas ações na Amazônia - dessa forma, podemos decidir que algumas delas são muito caras a longo prazo. Quando as pessoas que serão diretamente afetadas pela poluição e pelos projetos de desenvolvimento estiverem sentadas à mesa de tomada de decisão, com representantes da indústria e funcionários do governo, é muito mais provável que a Amazônia seja desenvolvida de maneira ecologicamente sensível e sustentável. Acho que deveria haver mais programas de desenvolvimento que incluíssem as comunidades locais, pois isso automaticamente protegeria os direitos ambientais: um exemplo é o projeto de extração de borracha na Reserva Extrativista Chico Mendes, na Amazônia brasileira.

A justiça ambiental traz harmonia, pois coloca todos, ricos ou pobres, no mesmo nível e nos lembra da nossa dependência compartilhada de um ambiente saudável. No século XXI, a justiça ambiental se tornará uma questão social cada vez mais importante na medida em que avançamos em direção a uma sociedade, em que apenas os ricos e privilegiados têm acesso a ambientes naturais limpos, saudáveis e bonitos. Proteger os direitos ambientais dos membros mais vulneráveis da sociedade, como os povos indígenas da Amazônia, talvez seja a melhor forma de proteger o direito das gerações futuras de habitar um planeta no qual ainda vale a pena viver.

Acho que a Survival International está fazendo um bom trabalho para proteger os direitos humanos e ambientais do que restou das tribos amazônicas. Eles são agora uma cultura em crise devido à perda de muitas de suas terras ancestrais pelo desmatamento das florestas. Quando os portugueses chegaram ao Brasil havia cerca de cinco milhões de indígenas nativos, agora esses números foram drasticamente reduzidos para cerca de 150 mil – 300 mil, principalmente por doenças ocidentais como varíola, tuberculose, gripe, sarampo e o resfriado comum, aos quais eles não tinham nenhuma resistência. Os Yanomami sobreviveram 3.000 anos na Amazônia, mas agora, os 10.000 restantes estão confinados a uma reserva no noroeste de Roraima que está sendo invadida ilegalmente por garimpeiros. Os 25.000 membros restantes da tribo Guarani-Kaiowa são remanescentes de duas tribos que viviam como nômades em uma enorme faixa da Amazônia, desde o Atlântico até o que hoje é o Paraguai. Devido ao avanço de fazendeiros para o oeste, foram forçados a ocupar 68.000 acres de reservas insulares no Mato Grosso do Sol, que consistem principalmente de cerrado desmatado, tão pobre, que a agricultura se torna quase impossível; terra que ninguém mais quer. Pobreza, desintegração familiar, alcoolismo, abuso de drogas e suicídio são comuns nas reservas, especialmente entre as adolescentes que têm uma das taxas de suicídio mais altas do Brasil; 40% de todos os suicídios nas tribos são meninas com menos de 16 anos que não veem outro futuro para si mesmas do que colheita ou prostituição nas cidades fronteiriças e minas de ouro.

Precisamos devolver aos povos indígenas seu senso de valor e dignidade humana, reconhecendo e respeitando sua cultura e seus valores. Acho que temos muito a aprender com essas pessoas que há séculos são guardiãs das florestas e que têm uma tradição inestimável, sobre a ciência da medicina natural, autocura, meditação e respeito pela natureza, para compartilhar conosco se quisermos reconhecer e respeitar seus conhecimentos e estar dispostos a ouvi-los e aprender com eles.

Temos muitas visões equivocadas sobre o modo de vida do povo tribal. Em muitos lugares, as florestas não são selvagens, mas jardins bem cuidados das tribos que os habitam e que praticam técnicas especiais de agricultura florestal sustentável. Por exemplo, a tribo Kayapó, planta mandioca nas margens dos rios e nas florestas, usam cupins e formigas mordedoras nas roças para proteger suas plantações da destruição pelas formigas cortadeiras. Os Kayapó cultivam e colhem mais de 100 espécies diferentes de plantas para serem utilizadas na alimentação, remédios, repelentes de insetos e substâncias rituais. Os índios Karitiana utilizam diversas plantas como anticoncepcionais. A farmácia da orla de Belém é a melhor da

Amazônia com remédios fitoterápicos para artrite, bronquite, doenças renais, disenteria, pressão alta, úlceras, tumores, epilepsia, eczema, problemas menstruais, sífilis e transtornos mentais, entre outros. Acho que deveriam ser feitas muito mais pesquisas sobre a medicina indígena, que seriam de grande benefício para a humanidade.

Para concluir, espero que durante nossa primeira peregrinação ecológica à Amazônia, em julho de 1996, tenhamos tido a motivação de pesquisar a verdadeira situação a partir de nossa própria experiência, bem como aprender com os moradores da floresta, das margens dos rios e das grandes cidades da Amazônia, todos com suas próprias esperanças, expectativas e necessidades. Fizemos a peregrinação de *Fazendo As Pazes com a Amazônia*, e enquanto significa apoiar iniciativas ambientais positivas como ecoturismo, ecogestão, desenvolvimento sustentável e assim por diante, também significa para nós como praticantes tântricos, ou pelo menos como pessoas interessadas no tantra, que trabalhamos para fazer as pazes com a Amazônia, de modo energético. Espero que tenhamos ido à Amazônia, não apenas para receber energia, mas também para curá-la. Espero que tenhamos dado, pelo menos, tanto quanto recebemos.

Existem muitos diferentes métodos e visões sobre como fazer as pazes com a Amazônia, e precisamos ouvir as opiniões de ambientalistas e líderes comunitários, todos aqueles com boas ideias e bons corações. Por parte da comunidade espiritual há também muitas ideias complementares e soluções para a crise ambiental amazônica. Sou herdeiro do *Método Tântrico para Curar e Transformar o Meio Ambiente*, que é um sistema de meditação budista que pode curar os mundos externo e interno, por meio do uso da purificação dos cinco ventos elementais do EH - espaço, LAM - terra, YAM - vento, BAM - água e RAM - fogo, as sílabas sementes das Cinco Grandes

Mães que detêm as qualidades e a essência pura dos elementos. Através do uso deste método, podemos curar e regenerar a natureza cristalina pura e essencial dos cinco elementos.

Se entendermos que nossa Terra é preciosa e maravilhosa, desenvolveremos um sentimento especial por ela; como o sentimento especial que as pessoas dos tempos antigos tinham por seu mestre. Não tenho tanta certeza se as pessoas modernas têm esse grau de sentimento e amor intensos, mas, de qualquer forma, precisamos desenvolver um sentimento especial em relação aos cinco elementos. A Amazônia nos dá uma oportunidade especial de desenvolver essas sensações milenares por causa de seu puro poder elemental e beleza natural. **É Autocura**. Relativamente, poucas pessoas na sociedade moderna praticam o budismo, mas todos precisam reconhecer a preciosidade dos cinco elementos.

Cuidar da Amazônia é uma emergência e, portanto, esta é uma mensagem e um trabalho urgentes para este mundo. Por favor os aceitem".

TYS Lama Gangchen Rinpoche, Manaus 1996

Agora que Lama Gangchen Rinpoche faleceu, nós, seus filhos espirituais, precisamos continuar a *Fazer as Pazes com o Meio Ambiente*. Vamos tentar nos reconectar e cuidar de nossa sagrada Mãe Terra e dos seres visíveis e invisíveis que vivem em sua biosfera. Sinto-me encorajada por todas as pessoas que estão fazendo da cura do meio ambiente uma prioridade central de suas vidas. Juntos, podemos curar o meio ambiente e deixar um mundo saudável e feliz para as gerações futuras, então vamos fazer isto!

Muitas felicidades

Lama Caroline

Centro de Dharma da Paz Shi De Tchö Tsog

São Paulo

abril de 2023

Lama Caroline

*O meio ambiente externo nunca é maior do que o ambiente interno de cada um.*

Lama Gangchen Rinpoche
para Eugênio Scannavino,
Amazônia, 1996

Sobre a Louca Sabedoria

Dois anos antes de Lama Gangchen deixar este planeta, em 2018, fui à Itália visitá-lo, e na nossa primeira conversa – costumeiramente sem palavras – me ocorreu – depois de 30 anos de convivência muda, fazer-lhe uma pergunta – quase secreta: o que, afinal, a mente dele tinha, que a nossa não possui? Ele nem titubeou, sorriu com seus olhinhos tibetanos e respondeu: *space* (espaço).

Em uma sociedade capitalista, competitiva, acumuladora, materialista, maniqueísta e, acima de tudo, ignorante, conhecer um ser-não-ser como Lama Gangchen e ainda conviver com ele por quase 30 anos foi, sem dúvida, o maior privilégio da minha e de muitas outras vidas, quem sabe vindo de outras vidas – piadinha budista?

Falar de Lama Gangchen e de sua louca sabedoria é tentar nomear o que não tem nome. O fato é que, ao lado dele, curas sutis aconteciam o tempo inteiro. Para mim, sua presença tinha o poder de parar a voz da mente racional, julgadora e destrutiva, dissolvendo de uma vez todos os meus dramas inventados e os reais (se é que existem), e ainda o poder de mantê-la quieta, por tempo indeterminado. Ao lado dele, além de não ter problemas, eu também não tinha assunto. Nossos papos sempre foram parados e silenciosos. Por poder não-ser, havia sempre ao lado dele uma grande atmosfera de Amor. O silêncio.

O Silêncio da Mata.

No meio dos anos 1990, tive o privilégio de conhecer o vasto espaço da Amazônia, na primeira viagem organizada pela aachaa, organização liderada por Débora Tabacof. Ali, vi a grande pororoca do encontro do silêncio prenho da Floresta se encontrando com o espaço da louca sabedoria de Lama Gang-chen, na viagem que fizemos à região do rio Tapajós, no Pará, com o intuito de abençoar terras que estavam sendo ameaçadas e que ele considerava sagradas.

De novo, eu estava tendo o privilégio de viver algo sobre o qual não adianta falar. Jamais caberá nas nossas palavras o efeito curador que presenciamos neste encontro da pureza dos elementos da mata com a vastidão que emanava do Lama. A pureza das águas, do fogo e dos céus da Amazônia, entrando por nossas narinas, pele, olhos e ouvidos até voltarmos a ser apenas o tão longínquo aqui-agora. Na mata, também a mente silencia. Na mata, também há uma cura permanente e sutil.

Do que estamos falando mesmo? Sobre a louca sabedoria, que, na verdade, é a não-sabedoria, é o velho vazio sobre o qual falam os sábios desde tempos imemoriais. E se coubesse em palavras, estaríamos salvos. Mas não. Ainda estamos nesse planeta desgovernado, destrutivo, violento, tagarela – um mundo que acredita que sabedoria é acúmulo de conhecimento, que poder é dinheiro e que satisfação vem da acumulação de coisas ou experiências.

Por fim, peço perdão por não ter conseguido expressar muita coisa diante deste não-tema tão vasto, mas posso sim, expressar minha gratidão à equipe da aachaa e também às equipes de apoio – por terem preparado o encontro que aconteceu nos anos 1990, mas que será eterno em nossos corações, mentes e também na essência daquela água que ora vira nuvem, ora vira chuva e ainda pode cair sobre a gente na forma daquela calma, límpida e louca alegria.

Anna Muylaert

Lama Gangchen Rinpoche

Foto Marcelo Delduque

Agradeço

Boris Tabacof, meu pai, grande leitor, que me ensinou a ética cósmica e me levou às letras feitas de fogo como possibilidade única de furar o tempo e inscrever em pedra algo que faz história;

Sulamita Tabacof, minha mãe, canal numinoso com a natureza, que mergulhava os filhos no mar para curar qualquer doença do corpo e da alma;

Cada irmão e irmã que apoiou todas as minhas aventuras, especialmente ao Jacques Tabacof, que colaborou para publicar a primeira versão do livro *Autocura do Meio Ambiente* no Brasil;

Diego e Nicolau, meus filhos, que me deram o chão para fincar raízes e, ao pai deles, Marcos Labriola, o maior entusiasta das minhas viagens;

José Labille Favero Júnior, fonte de nutrição e música, que ama minha liberdade e alegria;

Ricardo Villas-Boas, a primeira pessoa a me levar pela mão à Amazônia;

Claudia Homburguer, como representante de toda a Sangha de São Paulo, sempre pronta a ajudar;

Cristina Band que embarcou neste livro comigo para transformar reminiscências em palavras vivas. E Teté Martinho, amiga da vida toda, que entrou nos momentos finais para colaborar.

Cada comunitário ribeirinho, que sustenta a floresta em pé;

Aos "aachaados" e "aachaadas" participantes do grupo, com quem compartilho mundos inteiros.

E aos viajantes que embarcaram nas viagens da aachaa, a quem agradeço a paciência com a minha ignorância cheia de audácia e fé.

Respeitável Público!

Um caminho tem início em um lugar e termina em outro. Finalizo este livro em 2023, e olho com carinho a menina que fui. Como estou longe do lugar de onde parti. Minha motivação, no entanto, é a mesma. Contribuir para uma sociedade mais equânime, para a harmonia entre os opostos conflitantes e para mais paz e alegria em cada um.

A história que conto aqui se organiza em torno do ano de 1996, quando um grupo se reuniu para levar um Lama Tibetano para conhecer a floresta amazônica. Registrar a aventura foi um dever que me impus, pois as questões ambientais que nos motivaram no passado, tomaram maior vulto desde então, passando-se ao centro do debate contemporâneo. Também o ensinamento budista, a prática de interiorização e análise foram integrados ao cotidiano para lidar com o estresse e a exaustão de recursos pessoais e coletivos.

O livro tornou-se a presença de Lama Gangchen Rinpoche, que logo no início da Pandemia da Covid-19 nos deixou. Aparentemente, no momento que mais precisávamos de uma orientação o mestre partiu e, justamente, a sua ausência, sua morte, me fizeram retornar aos diários de viagens que sempre me acompanharam, e nessa conversa interior o aumento da presença dele e do Dharma, ensino budista, em mim.

Em uma das visitas de Lama Gangchen a São Paulo, tive a chance de ler para ele, letra por letra, parte do meu diário. Ele me incentivou a publicá-lo e me explicou que, além dos textos clássicos escritos pelos mestres, também fazem parte do corpo dos ensinamentos budistas os comentários de praticantes. Com a motivação de contagiar as pessoas para que cada um faça sua transformação no mundo e do mundo, me empenhei em traduzir em palavras uma aventura de medo e coragem.

É na intersecção entre o pensamento budista e minhas viagens que traço o percurso que se inicia na *Festa da Moça Nova*, na Amazônia, em 1982. A passagem pelo *Circo Escola Picadeiro*, na cidade de São Paulo, em 1985, me levou ao Pará, por um ano, como coordenadora de Arte e Educação do *Projeto Saúde e Alegria*.

Conhecer Lama Gangchen em São Paulo, com quem me relacionei como se ele fosse um Buda, me transformou. Até hoje participo da Sangha , a comunidade que percorre esse caminho, e o Dharma, o ensinamento, entrou em minha vida como a luva que vestiu a mão. Sinto o calor e a sustentação dessa conexão.

Fui uma das poucas brasileiras a testemunhar o *entronamento* do primeiro Lama da linhagem Tântrica tibetana do

Brasil, Lama Michel Rinpoche, hoje sucessor do grande Mahasiddha Gangchen Rinpoche.

Não foi sem dificuldade que me autorizei a relatar aqui, a experiência que sei ser muito mais abrangente do que minha percepção. A viagem ao Aconcágua, na cordilheira dos Andes, em meu mais profundo desejo, teria sido um encontro entre Maria Adela Palcos, criadora do *Rio Abierto*, minha primeira escola de formação em psicoterapias corporais, com o nosso grupo. Por não ter acontecido dessa maneira, foi uma experiência intensa de superação de medos e uma aposta na visão de que, sim, a América Latina e seus povos originários possuem grande sabedoria e sua contribuição à saúde do planeta Terra pode ainda demorar a ser ouvida, mas não falhará.

O lugar da confiança é privilegiado nesta narrativa. Fiar junto, costurar com o outro, saber-se interdependente e investir na transformação possível por meio do trabalho interior é o que desejo compartilhar.

"Sem agitação" foi o último ensinamento de Lama Gangchen. Hoje, sei que é uma condição para sentir o campo sutil. Como nas águas espelhadas do lago no alto da montanha, no Tibete, é a condição de atenção concentrada para perceber e sentir. Conectar-se a algo essencial, sentir o suporte de estarmos ligados e interconectados e tornarmo-nos mais e mais familiares com o mundo sutil, é um apoio para todas as passagens da vida humana, do nascimento ao adoecimento; ao envelhecimento e morte. Sobre esses acontecimentos, não há dúvida que acontecerão.

Que estado mental vamos experimentar?

Andar na corda bamba foi meu primeiro treino, bem físico, literal mesmo, num circo. Hoje são outras as travessias, mas a força para equilibrar-me ainda está no mesmo centro interno. Como aprender a viver em um espaço que não é abismo, é suporte? Este é o ensinamento *NgalSo*, em que o vazio não é um abismo, é uma potencialidade preenchida de luminosidade que nos apoia, um processo de construção de um estado consciente.

O Tantra é a escola em que estou nos primeiros anos de treinamento, e fui incentivada a registrar meu percurso até aqui.

Conto aqui algumas camadas da trama que conecta um mestre budista tibetano com o meio ambiente; a arte com a cura e a saúde com a alegria, desejando que a rede de proteção dos dançarinos do espaço acolha grupos e guerreiros pela paz, fortalecendo e criando um futuro sustentável para todos.

Itinerários

23   Sobre a Louca Sabedoria
28   Respeitável Público!

PARTE I – DIÁRIOS DA PALHAÇA
37   Circo Escola Picadeiro
41   Aprendiz de Alquimista
47   O Projeto Saúde e Alegria
        48 A Moça Nova 1982
51   Santarém Pará Amazônia Brasil 1989
        56 O Baú dos Encantados
59   Céu Feiticeira
        62 Cortina de Arco-Íris
65   Rios-Artérias do Corpo Da Floresta
73   A Promessa de Um Dia Voltar

PARTE II – DIÁRIOS DE UMA BUSCADORA
79   Quando Conheci Lama Gangchen
        83 Ouro
        87 As Mulheres Iluminadas
        90 Espaço - Meu Grande Amor
95   O Poder da Pergunta
99   A Mensagem do Oriente
107   Conexão Himalaia Amazônia
109   Entronamento de Lama Michel Rinpoche
        109 Monastério de Sera, no Sul da Índia
        119 As Cavernas
        121 Katmandu
        124 Tibete - Teto do Mundo
        127 Jokhang - Lhasa
        130 Tashi Lumpo - Shigatse

PARTE III - UM DESEJO COMPARTILHADO
141 Criação da aachaa
155 Saúde, Alegria do Corpo. Alegria, Saúde da Alma.
159 Lama Gangchen e a *Autocura* Arte Amazônia
165 Fazendo as Pazes com a Amazônia - 1996
171 O Banquete
181 Urucureá no Arapiuns
187 Êxtase
197 Irradiando Paz Saúde e Alegria

PARTE IV - CONFLUÊNCIAS
211 Himalaia Amazônia Andes
215 Cordilheira dos Andes 1997
    224 O Puja da Grande Mãe Espaço
    226 Puja da Terra
    226 Puja do Ar
    227 Puja da Água
    227 Puja do Fogo

PARTE V - O CORPO DE ARCO-ÍRIS
235 A Dança do Corpo de Arco-Íris
238 Carta ao Mestre
240 O Caminho da Alegria

244 Minhas Fontes

ZHING KHAM DJONG SO - AUTOCURA TÂNTRICA NGALSO DO MEIO AMBIENTE - TYS LAMA GANGCHEN
256 Mantras

PARTE I
Diários da Palhaça

PARTE I - Diários da Palhaça

PARTE I - Diários da Palhaça

Circo Escola Picadeiro

Em 1985, aportou na ponte da Cidade Jardim, em São Paulo, uma escola de circo. Inaugurada por José Wilson Leite, o *Circo Escola Picadeiro* trouxe professores com "serragem nas veias", modo como chamamos os artistas do circo tradicional, cujo picadeiro era coberto com serragem de madeira. Todos vinham com uma experiência de corpo e um modo de fazer arte bem popular, de grande tradição no Brasil.

Eu era bailarina e trabalhava com a *Grande Companhia Brasileira de Mystérios e Novidades*, sob a direção de Lígia Veiga. Para fazer o espetáculo *Galáxia 2000*, ela me pediu para aprender uma coreografia de me equilibrar em pé sobre as costas dos bailarinos, em um número de pirâmide humana.

Como artista, me apresentava em espaços *off* para pequenas plateias, enquanto, naquele momento, uma geração ia ao centro efervescente de cultura popular brasileira de raiz. Sob a lona colorida formou-se um ímã, um magneto potente de acolhimento a artistas. E foi assim que, em um dia de 1985, me matriculei no *Circo Escola Picadeiro*.

Apaixonei-me pelo ar e comecei a ensaiar números aéreos de corda indiana, arame e trapézio, até estrear no trapézio voador com uma trupe só de mulheres. Essa era uma grande novidade. Participavam da trupe Renata Gilioli, Telma Ganc e Ruth Zyman. Depois, me apresentei em shows no circuito alternativo e também no tradicional *Circo Stankowich*.

No circo, tive a percepção multidimensional do uso do espaço cênico. A *Festa dos Arianos* foi um êxtase criativo e teve, entre outros nomes, a participação da minha partner, Liliana Olivan, na corda indiana, os palhaços Hugo Possolo, Alexandre Roit e Raul Barreto, os atores Rodrigo Matheus e Aílton Graça, a editora Cristina Band, os brincantes Antônio Nóbrega e Rosane Almeida, o artista plástico Alex Cerveny, as bailarinas Graziela Rodrigues e Thelma Bonavita e o diretor de teatro Gabriel Villela, todos alunos da escola. Em sintonia com as ideias da coreógrafa alemã Pina Bausch, criamos um espetáculo que mostrou como a tradição circense estava sendo receptiva aos influxos de outros campos artísticos e explodimos o uso do espaço cênico tradicional.

O movimento circense, que nasceu em São Paulo, em meados da década de 1980, era filho da união da periferia com os bairros nobres da cidade, e fez com que a turma que frequentava escolas e universidades fosse em busca de novas linguagens, que nutriram o mundo das artes cênicas e a própria linguagem circense.

❞ O Circo Escola Picadeiro foi um grande portal de autoconhecimento. Não foi o único, mas foi certamente o primeiro portal que atravessei em direção a mim mesma, na permissão de seguir a energia do que me expressava. Reconheço que todos os espaços que percorri estavam um pouco à margem, como eu, na família de intelectuais em que era a única mais corpórea. Essa permissão do circo trouxe um empoderamento. Eu segui minhas escolhas, que fizeram a diferença na minha vida. O circo expressa um espaço de liberdade, de permissão, de alegria, de comunhão. Também reconheço um espaço dessa relação nômade. Nunca fui nômade, de estar de praça em praça, fisicamente, falando. Hoje, percebo, e sempre percebi, que vivi muitas vidas em uma. Muitos grupos, tribos e histórias. E cada história em si, vivi intensamente, e segui a minha jornada para a próxima praça, e depois outra. A diferença de cada praça era eu mesma, contribuindo, recebendo e seguindo esse caminho para onde a vida me levou. Sou muito grata. [Depoimento de Mariana Maia, em agosto de 2021].

As Princesinhas do Ar, Débora Tabacof e Liliana Olivan, no número de corda indiana no Circo Chambinho, em 1985.

PARTE I - Diários da Palhaça

PARTE I - Diários da Palhaça

Aprendiz de Alquimista

Em 1985, já cursava Psicologia na PUC-SP (Pontifícia Universidade Católica de São Paulo) e estudava bioenergética no *Sistema Rio Abierto*, método no qual me formei como psicoterapeuta corporal. A integração do físico, emocional, mental e espiritual, como um todo harmônico, me atraiu e passei a conciliar os estudos com as atividades artísticas.

No curso de Psicologia, eu não tinha interesse em quase nada. A vida acontecia lá fora. A psicanálise freudiana me parecia voltada aos romances familiares do século XIX. Meus amigos e eu estávamos muito mais ligados na liberação da sexualidade feminina e da homossexualidade. Mal sabia eu o quanto Freud havia sido importante ao tratar desses assuntos, distinguindo organismo de identidade de gênero. Naquele momento, ainda não compreendia a dimensão de sua obra.

Minha visão de mundo estava voltada para as questões espirituais e energéticas. Estava em busca de respostas sobre como o mundo se organiza e se materializa por meio de ondas de energia. Era a época em que as ideias dos livros O *Tao da Física*, de Fritjof Capra, e O *Sagrado e o Profano*, de Mircea Eliade, faziam a nossa cabeça ao estabelecerem a ligação entre a física quântica e a mística oriental, e a evolução do pensamento dentro da espiritualidade.

O circo tornou-se meu laboratório alquímico.

O fogo, em números de pirofagia, apresentava uma experiência de intensidade, de força, de risco e a própria manifestação de energia irradiada.

A água, elemento em constante transformação, dialogava com nossas emoções afloradas no picadeiro.

O ar, que tantas vezes me faltava por excesso de tensão no diafragma, me permitia voar. A corda indiana e o trapézio voador eram experiências intensas, sentia-me totalmente viva.

O picadeiro de chão batido era o centro da terra e simbolizava a solidez, podia fincar meus pés, depois de me lançar no espaço.

Foram tempos de tensão entre a liberdade e a realização pessoal e os projetos de pertencimento social.

Os trabalhos a que me dediquei na faculdade falavam sobre a Hermenêutica; a Temperança, um dos arcanos do Tarô; o mito do herói abordado por Joseph Campbell; os temas corporais de Alexander Lowen e Wilhelm Reich. O que mais me entusiasmava eram as noites em um casarão no bairro do Pacaembu, com os tradutores Lúcia Rosenberg e Gustavo Barcellos, do original de James Hillmann sobre os textos da Psicologia Arquetípica, para tentarmos decifrar o significado do espírito do sal, do enxofre e do mercúrio.

Estudar psicologia junguiana significava mergulhar nas imagens dos vasos alquímicos, recipientes nos quais os alquimistas transmutam a matéria em ouro. Passei muitos anos me dedicando aos desenhos e textos místicos da alquimia medieval. Aqueles mistérios conversavam com minha alma.

As imagens me deixavam fascinada, mas eu não entendia nada. Sonhava com a alquimia em si, a experiência mística cifrada ali, como forma sagrada de arte. Me faltava um laboratório e o circo serviu ao propósito. Vivi intuitivamente o corpo como vaso de operações alquímicas. Experimentei a própria vida e aquele ambiente circular como um grande laboratório de autoconhecimento, em que a alegria dava o tom.

Com as informações que a arte circense nos trouxe e a visão poética dos artistas, passei por uma experiência transformadora de consciência. Abriu-se em mim um espaço físico, psicológico e emocional. A presença daquela lona, no cotidiano da elite paulistana, proporcionou novos aprendizados, interligou os quatro elementos e criou espetáculos com outros paradigmas no espaço ampliado. O circo trazia uma dimensão vertical ao espaço cênico e me autorizei a amarrar minha corda indiana em qualquer lugar. Lá comecei a girar, girar, girar... nos galhos de uma figueira gigante no Jardim da Luz, num urdimento de teatro, no teto do Aeroanta, em São Paulo. Ganhei asas e saí da casa dos meus pais. Conheci Pierre Verger e Lina Bo Bardi, ambos apaixonados pelo circo e que gostavam de ouvir sobre o encontro da experiência da arte popular circense com a turma dos jardins.

O *Circo Escola Picadeiro* formou uma geração de artistas, que influenciou muito a cena performática paulistana do final dos anos 1980.

A experiência na *Escola* ampliou o meu universo com temas universais como o palhaço, a bailarina, o domador de leões, o mágico, o contorcionista, a mulher do atirador de facas. Esses arquétipos expandiram o meu repertório interno, e o desejo de ser alguém fora dos padrões da minha classe social ajudaram a me libertar das rígidas formas de expressão, uma forma sutil de opressão. Minha mãe ia me assistir, me ajudava a trançar o cabelo no aplique, para o número de corda indiana. Amarrava com força, com raiva daquele trailer no fundo de um circo, e repetia o clássico ditado da infância "mulher tem que sofrer pra ficar bonita".

> O circo surgiu, em 1984, num terreno, numa parte nobre da cidade de São Paulo, na cabeça da ponte da Cidade Jardim. A escola chegou para mudar o conceito e o pensamento das pessoas em relação ao circo. Foi uma coisa que eu imaginava que não ia demorar muito tempo, era uma fase que estava passando e imaginei que logo terminaria, mas foi o contrário. Nesse circo, começaram a surgir pessoas de outras classes sociais, jovens e crianças que mudaram o pensamento tanto próprios quanto de nós, do circo. Existiu uma troca de conhecimento. O circo, com a nossa linguagem, e esses jovens, com a linguagem da classe social a que eles pertenciam e pertencem até hoje, foram uma coisa assim muito louca. Parecia que era uma família só. Quando a gente anunciava os espetáculos, havia psicólogos, fonoaudiólogos, dentistas, advogados, gente que não era de família de circense. Foram muitos os que passaram por lá. Mas existia um grande interesse de políticos de tirar o circo dali, porque ficou famoso mesmo, estava no mapa da cidade, como ponto de referência. Muitos eram radicalmente contra,

principalmente pais e mães, que não gostavam que os filhos ficassem dentro do circo. Muitos se profissionalizaram, outros viraram bons artistas e ocuparam a profissão nos trabalhos que desenvolveram em outros estados, e aquilo me enchia muito de orgulho. Surgiram outras escolas que eram filhas da Picadeiro e isso me aproximou também do teatro. Comecei a trabalhar com Cacá Rosset, e as pessoas iam assistir aos espetáculos do *Grupo Ornitorrinco* e vinham para escola, ou queriam usar o circo no teatro, na dança, na psicologia, nas suas profissões, e o usaram muito bem. O *Circo Escola Picadeiro* era uma fábrica de artistas e muitos deles foram trabalhar fora do Brasil. Eu me sinto muito orgulhoso de ter conhecido tanta gente fantástica. Fazíamos encontros, reuniões e churrascos que juntavam todo mundo para lavar a lona. Foi o *Circo Escola Picadeiro* que me deu a visão de Deus, para conseguir o objetivo de formar uma classe circense com um nível social elevado. Essa trajetória me deixa muito emocionado. [Depoimento de José Wilson Leite, fundador do *Circo Escola Picadeiro*, em outubro de 2021].

PARTE I - Diários da Palhaça

PARTE I - Diários da Palhaça

O Projeto Saúde e Alegria

Em 1989, recém-formada em Psicologia, me mudei de mala e cuia para Santarém, no Pará, para trabalhar como artista de circo e educadora. Naquele ano, encontrei Eugênio Scannavino Neto, no Rio de Janeiro, onde me apresentava com a *Intrépida Trupe*, uma companhia de acrobatas egressos da *Escola Nacional de Circo*.

Aos vinte e sete anos, já formado em Medicina, Eugênio estava à procura de uma artista e educadora para trabalhar em um projeto interdisciplinar em Santarém, no Pará. Era o *Projeto Saúde e Alegria*, que ele havia criado junto com Márcia Gama, no ano de 1987. Seu irmão, Caetano Scannavino, na época trabalhando como fotógrafo, foi quem me contratou para embarcar na aventura. Eu estava pronta para ir com todo o baú de figurinos, malabares e monociclos para a floresta amazônica.

Conheci Eugênio muitos anos antes, em 1978, quando tinha quatorze anos de idade. Ele e meu namorado, Ricardo Villas-Boas, estavam voltando da Amazônia e plantaram uma semente de seringueira no jardim da casa dos meus pais, em São Paulo.

A Moça Nova
1982

Em 1982, Ricardo e eu fomos para a Amazônia, a convite de seu irmão André, que era chefe de posto da Funai, no Alto Solimões. Foi minha primeira e impactante experiência na floresta. Passei três semanas na Aldeia Ticuna, onde, nas tardes, caía uma tempestade e em seguida abria-se um arco-íris. Na primeira noite na floresta, que entramos por Letícia para chegar a Benjamin Constant, pegamos um barco de linha, que parou no meio do rio infestado de carapanãs – os insuportáveis mosquitos, que picam através até da calça jeans –, de onde surgiu uma canoa dos Ticunas para nos resgatar na noite escura. Chegamos à aldeia antes de o sol raiar. Fiquei três semanas na casa do chefe do posto com Nina Kahn, na época esposa de André Villas Boas, grávida de Gerônimo, e com a filha Mariana, com quem eu brincava. Ficamos imersos no mundo da tribo, pulando poça d'água de chuva e se banhando no igarapé. Os indígenas se reuniam ao redor da casa com a janela telada, para assistir nosso modo vida, como se nós fossemos o *reality show* deles.

Foi de lá que parti numa expedição oficial da Funai e assisti à *Festa da Moça Nova*, participando de rituais de fogo com o pajé, em uma trilha dentro da mata. Foram vários dias de festas. Esse ritual iniciático correspondia ao primeiro ciclo menstrual da mulher. A moça havia ficado numa pequena oca recebendo, por um longo tempo, as orientações das anciãs e anciões da tribo. Na saída da oca, seu cabelo era arrancado para que, quando nascesse de novo, trouxesse a plenitude de sua condição feminina, madura para formar a própria família.

Foto: Luís Evandro

Lembro-me do cheiro dos macacos moqueados, para serem comidos ao longo da festa, e também da oca das mulheres e das crianças, onde passei a noite insone.

"Fiquei esperando as flautas secretas que viriam ao amanhecer e tomei um pajuaru especial que me foi dado pelo pai da moça. Passei a noite inteira fotografando e dançando com os homens enquanto as mulheres desapareceram na noite escura" [Depoimento de Ricardo Villas Boas sobre a Festa da Moça Nova]".

Foi meu batismo. Vivi a força de um ritual feminino de iniciação, no interior da floresta primária.

A volta para a cidade foi uma trajetória que se iniciou primeiro numa fina e longa canoa, que singrava um estreito rio, movida silenciosamente pelos remos dos indígenas, depois num barco a motor da Funai, a seguir num grande barco de linha e finalmente sobrevoando a floresta, de onde via a massa da mata, sem vida visível. Vista de cima, a floresta é um tapete uniforme, homogêneo, que esconde áreas de devastação e toda a vida que ali está.

O pajé havia me tomado pela mão, um charuto de folhas na boca queimando forte, ligando-me a seu mundo sombrio e numinoso para sempre.

PARTE I - Diários da Palhaça

Santarém Pará Amazônia Brasil 1989

O convite do *Projeto Saúde e Alegria* para que eu coordenasse o núcleo de *Educação e Arte na Amazônia*, chegou em boa hora. Agarrei a chance de utilizar a potência do circo para expandir meus horizontes e a oportunidade representava partir para uma arte popular ligada à educação e chegar ao que realmente me interessava: me comunicar profundamente com as pessoas, sentir a vida pulsar em todo seu potencial. Como diz a canção de Gilberto Gil: me ligar à pessoa comum e à pessoa rara.

A palhaça Abobrinha me deu o primeiro e único trabalho com carteira assinada de toda a vida. De fevereiro de 1990 a março de 1991, participei na missão social, ambiental e humanitária de saúde em várias comunidades ribeirinhas nos rios Tapajós, Arapiuns e Amazonas.

O *Projeto Saúde e Alegria* era e ainda é um projeto social, modelo de inclusão das comunidades ribeirinhas, no qual as tradições da região são valorizadas em seu saber e potencializadas por novos conhecimentos da ciência, ecologia e educação. A Ong fazia parte do campus avançado da UFOPA (Universidade Federal do Oeste do Pará). José Carlos Vedova e Mauro Luiz Viana foram os primeiros a me receberem na casa em que viviam na beira do rio Tapajós.

No *Projeto Saúde e Alegria*, o contato com os povos da floresta era realizado como um intercâmbio de conhecimentos, jamais no sentido de reincidir no equívoco da proposta colonizadora, e o circo com apresentação dos comunitários era uma farra, tinha espaço para todo mundo.

Meio pedaço de melancia na mão para o desjejum e lá estávamos nós na sede do projeto, na avenida Borges Leal. A área era sórdida, irrespirável, sem as mínimas condições sanitárias, a cidade cheia de urubus, e ainda se ouvia ao longe o som da música brega. Logo adiante da igreja cor de tijolo, avistamos os buritis e a floresta pertinho da cidade. Voadeiras e barquinhos de tudo quanto é jeito disparavam no rio Tapajós. Carros cortavam a avenida Beira Rio. Uma balsa carregada de combustível funcionava como posto de gasolina sobre as águas. Eu tinha loucura por aquele rio. Eu queria sentir o vento na cara, na proa do barco, enquanto o horizonte da floresta se abria.

Quem nasce em Santarém é chamado de Mocorongo, daí nosso circo se chamar *Gran Circo Mocorongo de Saúde e Alegria*. Eu era a palhaça Abobrinha e me apresentava com o palhaço Pimentinha, segunda geração de família circense na região. Nosso circo era feito com figurinos engraçados e uma cortina de faixas coloridas de cetim como um arco-íris que, onde quer que fosse esticada, instaurava o picadeiro.

Viajávamos, de uma comunidade para outra, em grandes barcos que levavam o circo. Todos participavam dos esquetes, as cozinheiras, agrônomos, médicos, nutricionistas e dentistas da equipe e cada um tinha seu nome de palhaço. O elemento lúdico mobilizava os ribeirinhos das comunidades a caminharem às vezes, até dez quilômetros a pé para nos reunir. No circo, por meio de esquetes, recebiam orientações básicas, que, com a permanência do Projeto, mudaram os indicadores de mortalidade infantil na região. Nosso trabalho era direcionado para a orientação nutricional, saneamento básico, cuidados odontológicos, preservação ambiental e fortalecimento das lideranças locais. Foi nesse contexto que recebi a instrutora Selva Teles, do *Rio Abierto*, para trabalhar com as lideranças femininas do conselho comunitário. Vivemos a floresta dentro do corpo e sentimos que a floresta tem um corpo, é uma mulher fértil, frondosa, de longos e belos cabelos negros.

No PSA, sigla do projeto, resgatamos receitas tradicionais da região e aplicamos conhecimentos básicos em alimentação, que resultaram na diminuição dos índices de anemia (a falta de ferro no organismo).

Com as pesquisas da nutricionista e pediatra Clara Brandão, incentivamos a prática de cozinhar o feijão com um prego de ferro dentro da panela, a obter uma massa de folha de macaxeira com rico valor proteico e a utilizar o cálcio das cascas de ovo em uma multimistura em forma de farinha, criada por ela para ser adicionada à merenda escolar. Enriquecer o cardápio com ingredientes que eram frequentemente jogados no lixo foi a motivação para mães e crianças se comprometerem com a diminuição da fome e a desnutrição nas comunidades.

O trabalho de orientação sanitária, que poderia ser considerado maçante, era realizado por meio de esquetes cômicas. A palhaça Abobrinha fazia a personagem Larimunda, uma mulher imunda, que aprendia regras de higiene com o palhaço Pimentinha, enquanto ele tomava banho e escovava os dentes se equilibrando no rola-rola, um pedaço de tábua sobre um cilindro, e ensinava a escovação para crianças e adultos.

Para tratar a água de beber, bastava adicionar gotas de hipoclorito ao filtro, obtendo assim água potável. Era necessário separar a água de beber da já utilizada. Pequenas grandes transformações aconteceram!

A preservação ambiental envolvia o manejo da floresta desde a extração controlada da madeira, e isso colaborou com o empoderamento das comunidades que lutaram pela criação da FLONA (*Floresta Nacional do Tapajós*).

Com o *Projeto Saúde e Alegria*, pude entrar nas comunidades, que nos permitiram abrir por dentro a porta da mata. Algumas delas possuíam uma organização política eficiente, com reservas extrativistas delineadas e líderes indígenas e ribeirinhos junto às ONGs, conscientes da responsabilidade de manterem a floresta em pé. Os índices de saúde, educação e preservação ambiental foram se diferenciando positivamente dos indicadores gerais do Pará.

A proposta era fazer da escola um centro de referência de organização comunitária, já que a grande força da Amazônia eram as mulheres que se organizavam no clube de mães. De manhã, quando elas iam para a roça e os homens iam pescar, eu trabalhava na escola com as professoras. O circo era o produto de um detalhado processo pedagógico, cujo objetivo era aproximar o conteúdo programático do MEC à realidade amazônica.

O espaço redondo e democrático das noites culturais procurava adaptar os adultos às condições das crianças e apresentava uma linguagem bem-vinda à maioria das pessoas, que nunca tinha visto um espetáculo na vida. Elas atravessavam a mata para ver o palhaço Pimentinha e a palhaça Abobrinha, e resgatar seus cantos e histórias adormecidos na memória.

O circo podia acontecer no barracão comunitário, embaixo de uma árvore ou na frente do barco, de onde o capitão direcionava os faróis para o picadeiro e iluminava o show.

O sucesso das ações do projeto dependia da capacidade das equipes em envolver os comunitários.

O Baú dos Encantados

Sempre levávamos, no barco, um baú com figurinos e adereços. Um dia, colocamos um pequeno gravador dentro do baú. Quando alguém da comunidade terminava de compor seu personagem, Pimentinha sorrateiramente ligava o play e todos ouviam comentários engraçados, sobre o visual do "artista", que ecoavam do interior do baú falante. Era maravilhoso ver as caras das velhinhas se surpreendendo e o riso que explodia com algo tão simples.

Era o circo que motivava a mobilização comunitária, que fazia a criançada sair de lá com as vacinas em dia, os dentes tratados e com mais saúde. Nas reuniões, em volta das fogueiras e nos encontros artísticos, a estrutura das lideranças comunitárias foi se fortalecendo. Como faltar aos espetáculos da dupla Pimentinha e Abobrinha? Ele se equilibrando na corda bamba e ela na corda indiana pendurada nas alturas, dançando presa apenas pelo pé?

Em Piquiatuba, comemorei meu aniversário de vinte e sete anos, navegando em uma canoa e saboreando as comidas judaicas que minha mãe me havia enviado pelo correio.

Em Carariacá, no rio Amazonas, o palhaço Pimentinha colocou um filhote de jacaré no picadeiro. Coitada da palhaça Abobrinha!

Em Maguari, a escola havia sido construída com paredes de tijolos vazados em meio à vegetação exuberante. No dia 19 de abril de 1990, comemoramos o Dia do Índio, cantando:

Nós somos índios tapa tapa tapajós
minha mãe é jararaca e minha avó surucucu

O Descobrimento do Brasil, no dia 22 de abril, foi comemorado com uma narrativa de homens guiados por estrelas, que saíram do outro lado do mundo, em caravelas, para ver se a terra era redonda. Ao se perderem, aportaram em uma terra desconhecida. Aí os estrangeiros foram despidos pelos habitantes locais e, como num sonho, viveram nus e felizes para sempre.

O barco do projeto estava em Maguari, quando soubemos que estava ocorrendo um surto de tosse de guariba, conhecida como tosse comprida ou coqueluche. As crianças tossiam como os macacos guariba e a doença grassava desde Jamaraquá até Tauari. Era necessário fazer uma barreira de vacinação para deter a epidemia. Navegando pela beira do rio Tapajós, fomos de comunidade em comunidade, armando circos para atrair desde longe, de dentro da mata, a criançada que precisava ser vacinada.

Comentava-se que a tosse de guariba vinha de Acaratinga, uma comunidade à beira do rio Tapajós, com pouco contato com pessoas de fora. Até aquele momento, Acaratinga não era atendida pelo projeto e nenhum de nós havia ido lá. Com o barco próximo à margem, começamos a descer o rio.

Quando íamos de canoa pelos igapós, percebia que o palhaço Pimentinha enxergava o que para nós era invisível a olho nu – cobras, pássaros e outras particularidades. A contemplação da natureza trazia uma sabedoria aos indígenas e ribeirinhos, que nós, da cidade, excessivamente brutalizados pelo universo urbano, não possuíamos.

Pelo binóculo, avistamos a subida. As raízes emergiam na encosta e formavam degraus quase imperceptíveis até a comunidade. Quando o rio subia, as águas chegavam à comunidade. Quando baixavam, formavam uma praia, embaixo da falésia.

Atracamos e subimos.

Uma carcaça de barco com aparência de esqueleto de baleia nos aguardava no topo. Imediatamente, as crianças de Acaratinga nos rodearam. Nossa chegada era uma alegria que merecia um circo pois elas sempre fugiam com medo dos doutores, que apareciam por lá, com as injeções das vacinas nas mãos.

Entramos em uma casa de madeira onde tradição indígena e mundo moderno se harmonizavam em uma vida silenciosa. Em seu interior, recebemos o acolhimento de uma família numerosa, que desde sempre morava ali. Conhecia a vida da cidade, mas vivia isolada. Participava do mundo sem luz elétrica, água encanada nem televisão. Um rádio, talvez. Minha percepção era de que vivia em um tempo diferente, o que me trouxe a sensação de, em alguns momentos, estar completamente fora do tempo cronológico. Ao perceber nossa intenção de paz, saúde e alegria, o patriarca fez as honras da casa com presentes e, em especial, um concerto com seu violino.

PARTE I - Diários da Palhaça

Céu Feiticeira

*nome que a comunidade dá quando
uma névoa de água fica em suspensão
causando uma mudança na coloração do
sol e do céu*

Caía uma chuva tropical e um sol cor de rubi projetava-se no céu. A cortina de água da chuva formava camadas de luz entre a terra e o rio. O céu pareceu descer à terra com o reflexo dos pingos no ar. A luz do sol vermelho evocava na minha imaginação o vermelho rubedo da alquimia, e as gotas brancas da chuva, o albedo, uma das fases do processo alquímico, que eu também havia lido nos estudos alquímicos de Jung. Fechei os olhos para sentir o branco descendo de um céu além do tempo, o vermelho pulsando por dentro do corpo, a consciência da existência no momento presente. A cena me proporcionou um momento estelar em que fui tomada pelo numinoso. Lembrei-me das palavras de Maria Adela Palcos:

> "Os momentos estelares são aqueles em que, transitando pela linha horizontal histórica, fazemos contato com uma energia vital, diferente, muito potente, que conecta nossa essência com o Cosmos e nos coloca no momento presente, inteiros e disponíveis. Ficam gravados com muita força na memória, com uma energia muito diferente da dos momentos desagradáveis e têm uma aura como se estivessem fora do tempo. Quantos anos temos realmente quando essas coisas nos acontecem?" [Maria Adela Palcos. Tradução de Laura Coutinho].

PARTE I - Diários da Palhaça

Foto: Caetano Scannavino

Débora e o Palhaço Pimentinha em Acaratinga em número de arame e corda indiana na seringueira com o Tapajós ao fundo

Cortina de Arco-Íris

E o movimento em volta continuava, efervescente! Abobrinha e Pimentinha reuniram as crianças para formar um coral com diferentes tipos de tosses de macacos. O riso no circo, cheio de canto e música, se transformou em um ato de saúde na manhã seguinte, com as famílias levando as crianças para serem vacinadas sem medo.

Atraídas pela alegria, as crianças encontravam a saúde. Sem medo da doença, experimentavam a alegria.

Ao final da tarde, esticamos a corda bamba em dois troncos e Pimentinha pendurou a corda indiana no galho da seringueira. Quando a cortina de arco-íris se abriu, o palhaço e a bailarina dançaram ao som do violino e da bandinha local, no cenário do grande rio Tapajós.

Suspensa no espaço, a palhaça sentia o ar, a água, a terra e o fogo. Os textos de Psicologia dos tempos da faculdade girando na sua cabeça... Onde estava? Estava apoiada no Espaço e via o horizonte entre o céu e o rio como apenas uma linha. Existiria outro elemento na natureza? Na tradição alquímica, o quinto elemento era o éter, uma quintessência de um hermetismo incompreensível para ela. Mas a alquimia ali era real e o ouro, não era material.

Uma sensação de falta de alguma coisa a acompanhava. Algo que fizesse operar o entendimento do que estava vivenciando.

Como poderia nomear o que me sustentava naquele cenário de dimensões amazônicas? Naqueles momentos, sentia necessidade de acessar meu mundo interno, o mundo da subjetividade que eu projetava que só o processo psicoterapêutico poderia oferecer e que, na prática, eu viria a encontrar também na meditação.

Apresentamos, a cada noite, um circo diferente. Despedimo-nos de Acaratinga ao som das águas revolvidas pelo motor do barco na aurora iluminada. Era uma vida em que perseguia o meu destino dançando. Atirava-me. Fazia sexo para me sentir real. Cheia de culpa, em conflito entre a educação judaica e a vida que desejava, porém sem medo. Viajando, intensamente, quase morrendo e, daí, inalando mais e mais a vida, a cada salto mortal prancheado com rede!

Depois do circo, enquanto tirava a maquiagem no camarim improvisado no barco, olhava a beleza do céu e me sentia parte daquele universo. Eu gostava de estar na floresta, mas aquela vida me trazia também angústia, pois estava longe de todas as referências conhecidas, em um lugar tão desconhecido que causava dor. O espaço dentro do barco estava limpíssimo, era meu camarim, de onde eu ganhava o mundo e era ao mesmo tempo íntimo, familiar e desconhecido.

PARTE I - Diários da Palhaça

Rios-Artérias do Corpo da Floresta

Dali, fomos à Cachoeira do Aruã, no rio Arapiuns. Aruã, cujo significado na língua tupi é quieto e manso, definia bem o curso daquele rio, que nas noites de céu cinza, com tudo em volta imóvel, revelava sua intimidade, seu movimento invisível e a eternidade de suas águas.

O rio Arapiuns é um afluente do rio Tapajós. É possível entrar em suas águas por um delta esparramado na frente da comunidade de Urucureá. Depois, ele vai serpenteando e suas margens vão ficando mais estreitas. É um rio misterioso. As águas cálidas e convidativas são escuras, ao mesmo tempo que transparentes, e nos tocam como um carinho suave. Quando mergulhamos e abrimos os olhos, a luz penetra a linha d'água, deixando tudo em volta dourado.

Aos finais de tarde, nos últimos raios de sol, depois que as crianças terminavam as tarefas da casa – as maiores educando e cuidando das menores –, íamos de canoa nadar em locais mais fundos. Eu nadava feliz, como sereia nas águas de Oxum.

Meus anéis de prata não queriam sair das águas de ouro. Sentia a abundância inata da vida. A abundância.

Em Cachoeira do Aruã ainda era visível o impacto da colonização portuguesa ocorrida em uma época antiga de desenvolvimento na região. Quando o barco atracou e subimos a escadaria que dava para a comunidade, fui recebida por duas irmãs gêmeas, as professoras da comunidade que moravam em uma casa de madeira de dois andares.

A moradia exibia uma sofisticação arquitetônica capaz de surpreender nos detalhes, fruto do sonho de desenvolvimento econômico ocorrido no ciclo da borracha no século XIX, que fez surgir vilas, povoados e cidades prósperas. Até uma barragem para gerar energia havia sido construída na região, mas já estava abandonada.

As duas irmãs eram professoras e pareciam duas "gnomas". Elas acompanhavam a chegada da palhaça Abobrinha pelos desenhos que as espumas brancas formavam na superfície das águas do rio, quando os barcos se aproximavam. Diziam que as espumas eram a televisão delas. Não havia internet. Sabíamos que a comunicação entre as aldeias e comunidades era feita ainda pelo som dos tambores.

Palpite diferente tinha Dona Idú, de Piquiatuba, no Tapajós, que sabia da chegada da palhaça pelo rastro de sua sandália de sola de pneu comprada em Cusco. Uma amizade compartilhada em um mundo sem informações excessivas, que propiciava uma grande intimidade.

— Quantos anos a senhora tem? — perguntava a antropóloga Yá Vital nos censos populacionais do *Projeto Saúde e Alegria*.

— Quem sabe... — respondia a velha cabocla.

Os parâmetros do tempo eram outros.

Foi em Aruã que encontrei uma menina observando um panapaná, uma revoada de centenas de borboletinhas amarelas. Soube que seu pai havia falecido após nossa última visita à comunidade. Sentei-me ao seu lado e permanecemos um bom tempo em silêncio, sem constrangimento.

Perguntei se sabia de onde vinham as borboletas. Ela sorriu para mim e comecei a contar sobre a metamorfose que se dá na crisálida. Lembrei-me da história judaica que minha mãe me contava, de que a tristeza sofrida pela morte é superada quando enxergamos a borboleta que se desprende da crisálida e alça voo. Metáfora daquilo que se separa e voa do corpo no momento da passagem, morte que poderia ser considerada um aniquilamento total.

Aproveitando o tema emergente, realizamos um estudo escolar sobre o processo de reprodução das borboletas, que resultou em um espetáculo com as crianças se apresentando com asas e máscaras trançadas com palha de tucumã. No final, as pequeninas subiram na corda indiana para mostrar o grande voo inaugural da vida, representando o renascimento. Mas o *gran finale* era ainda ver a Abobrinha pendurada na corda amarrada na castanheira, iluminada desde o forte facho de luz, que vinha do teto do barco, ao som da *Bachiana n° 5*, de Villa-Lobos. Risos. Só as borboletinhas choravam. Queriam fugir com o nosso circo.

Mais uma vez partir, deixar na alma a memória de ter estado bem perto das fantasias mais originais, por onde enxergo o mundo e desde onde, frequentemente, o crio.

Deixamos Aruã com uma fogueira alaranjada queimando na vertical e iluminando as casas na encosta. Desalento. Mais uma despedida na vida da saltimbanca. Imenso vazio. Lua crescente. Libido acesa. Senti a Amazônia pulsando como a pele de um grande corpo de mulher. A sexualidade feminina presente no Arapiuns me contagiando com sua sensualidade e força. São as mulheres que mais se comprometem com o trabalho social dentro da comunidade.

Atracamos defronte à comunidade de São Francisco. Tomei café preto com bolinhas de tapioca na casa da Terezinha. A chuva cessou. Depois, embarcamos igapó adentro em uma canoa, sem saber aonde íamos parar. Chegamos à casa de uma típica família ribeirinha, as pessoas conviviam em pé de igualdade com macacos, pássaros e outros bichinhos. Homens num quartão, mulheres e crianças em outro, lotados de redes, sob o telhado de palha trançada. Ainda viviam como indígenas, porém sem identidade tribal originária, sem cacique, nem pajé, ao mesmo tempo não eram urbanos, não havia internet, nem televisão.

Sê gentil e mansa. Você está no coração da Grande Mãe Terra. Um espaço habitado por muitos seres invisíveis, porém sensíveis.

Cada um dos três rios que navegamos, Tapajós, Arapiuns e Amazonas, tinha sua identidade própria. O rio Amazonas forma a maior bacia hidrográfica do mundo depois do rio Nilo, no continente africano.

O rio Amazonas forma várzeas largas, que vão inundando aos poucos a imensa região. Suas águas são barrentas e, em alguns locais, de uma margem não se vê a outra. Por vezes, a embocadura fica estreita e forma uma correnteza intensa. A fauna é exuberante, pássaros, peixes, insetos, mamíferos e répteis.

Quando as águas do rio Amazonas sobem, em cheias muito severas, as casas de palafitas vão elevando o assoalho, gradativamente. Toda a criação é obrigada a viver dentro de currais, nos quais os pisos assoalhados são construídos uns sobre os outros, cada vez mais altos, acima do nível da água, que não para de subir.

Nas noites de lua cheia, é possível navegar lenta e silenciosamente, avançando por entre os currais de madeira, com grande densidade populacional no interior, nos quais búfalos, bois e vacas disputam espaço com cabras, bodes e cachorros. Sobre o dorso desses animais, garças, galinhas, urubus, e até um bichano e um galo se equilibrando, quase despencando, avistados sob a luz da lua, tão clara, que ilumina até onde o barco pode navegar. A cheia e a vazante do rio são intensas, uma lição de impermanência. Quando a água baixa, o verde fértil explode. Na várzea, a terra e a água estão em constante interdependência.

O rio Amazonas também é o reino das moscas e dos carapanãs. Se você tiver sorte, consegue um mosquiteiro para encaixar na rede e se proteger.

Resquícios de um luxo arcaico, ainda eram visíveis em algumas comunidades da região, como em Carariacá ou Igarapé do Costa, onde o esplendor de civilizações anteriores se revelava nas construções em madeira, campanários e relógios lá no alto, construídos em palafitas. Pode-se sentir as camadas da história sobrepostas. Regiões da chamada terra preta estão cheias de cerâmicas e hoje sabe-se que há muito tempo uma civilização floresceu na floresta. Em Monte Alegre, naquela região, encontram-se inscrições em cavernas que datam de doze mil anos.

Não era apenas a densa floresta verde que tocava nossa sensibilidade ao navegarmos os três rios. O encontro com aquela cultura provocava uma reflexão sobre nossos hábitos urbanos. O olhar do caboclo, sua delicadeza e sutileza, devolvia minha própria brutalidade como num megafone.

No meio da selva, éramos uma grande família. Os ribeirinhos, a maioria descendente de indígenas, cultivavam hábitos que nos influenciavam. Aos poucos, deixamos para trás a meia, o sapato, o casaco. Eu mesma cheguei a dispensar os talheres e o colchão, ficando apenas com a rede, a esteira e a cuia com chibé – a mistura da água com farinha – na mão.

Ao final de um ano na Amazônia, Marcelo Albuquerque, Paula Bonato e eu elaboramos o *Rebulixo* e *Projeto Frutificar*, que foi posteriormente financiado e parcialmente implantado no ano seguinte. O objetivo era coletar sementes para reflorestamento das áreas degradadas da floresta ao redor das comunidades.

Com músicas do Mestre Chico Malta, artista residente em Alter do Chão, criamos um programa integrado de incentivo pedagógico com outros educadores junto às professoras e o clube de mães, com apresentações baseadas na lógica dos quatro elementos da natureza. Foi aí que senti ainda mais falta de um quinto elemento na estrutura que esboçamos para recolher as sementes, fazer as mudas e os viveiros e, por meio da própria escola, fazer o replantio das áreas ao redor da comunidade. Meu tempo estava chegando a termo.

> " O *Programa Frutificar* e o *Rebulixo* eram multidisciplinares do Projeto *Saúde e Alegria* e utilizavam a colheita de sementes de frutas para criação de viveiros nas escolas, reflorestamento das áreas degradadas com frutas, separação e reciclagem do lixo para confecção de brinquedos ou de compostagem. Na época em que os pais abandonassem uma área de roçado (plantações) para abertura de novas áreas, as mudas cultivadas em viveiros, na escola, seriam plantadas para o enriquecimento das áreas recentemente abandonadas, com frutas. A ideia principal era a de criar a consciência de que a árvore frutífera e a criança cresceriam juntas, reafirmando assim um forte elo". [Marcelo Bezerra de Albuquerque, do Núcleo de Desenvolvimento e Produtor Rural do PSA].

PARTE I - Diários da Palhaça

PARTE I - Diários da Palhaça

A Promessa de Um Dia Voltar

Recebi uma montanha de currículos para escolher quem passaria a coordenar o *Núcleo de Educação e Artes*, do PSA, e dessa escolha chegou Maria do Carmo, a Gorda, e para dirigir o circo, o Magnólio, um amigo das antigas do meu irmão Eduardo. Fizeram uma linda aliança. E o *Projeto Saúde e Alegria* se expandiu e fez história!

Antes de retornar a São Paulo, minha irmã, Heidi, que veio documentar nosso trabalho, e meu sobrinho Jonas, que chegou a participar do circo em Jamaraquá, vieram me acompanhar na viagem de despedida às comunidades para as quais prometi um dia voltar. Intensificou-se o meu compromisso de que mais pessoas pudessem passar por aquelas vivências tão reveladoras dentro da Amazônia, um desejo de me comprometer com cada amizade e um encantamento enraizado se firmou.

O Palhaço Pimentinha, com quem vivi grandes aventuras tropicais, se tornou um amigo e parceiro de vida.

Já a palhaça Abobrinha retornou a São Paulo, os pacotes de problemas sociais, emocionais e familiares a aguardavam, debaixo da escada de mármore da sala, para serem abertos, revisitados e, quem sabe, um dia, elaborados.

Ponta do Cururu e a Ponta da Praia do Amor, em Alter do Chão, durante a cheia do rio Tapajós

PARTE I - Diários da Palhaça

Foto: Andrea Ribeiro

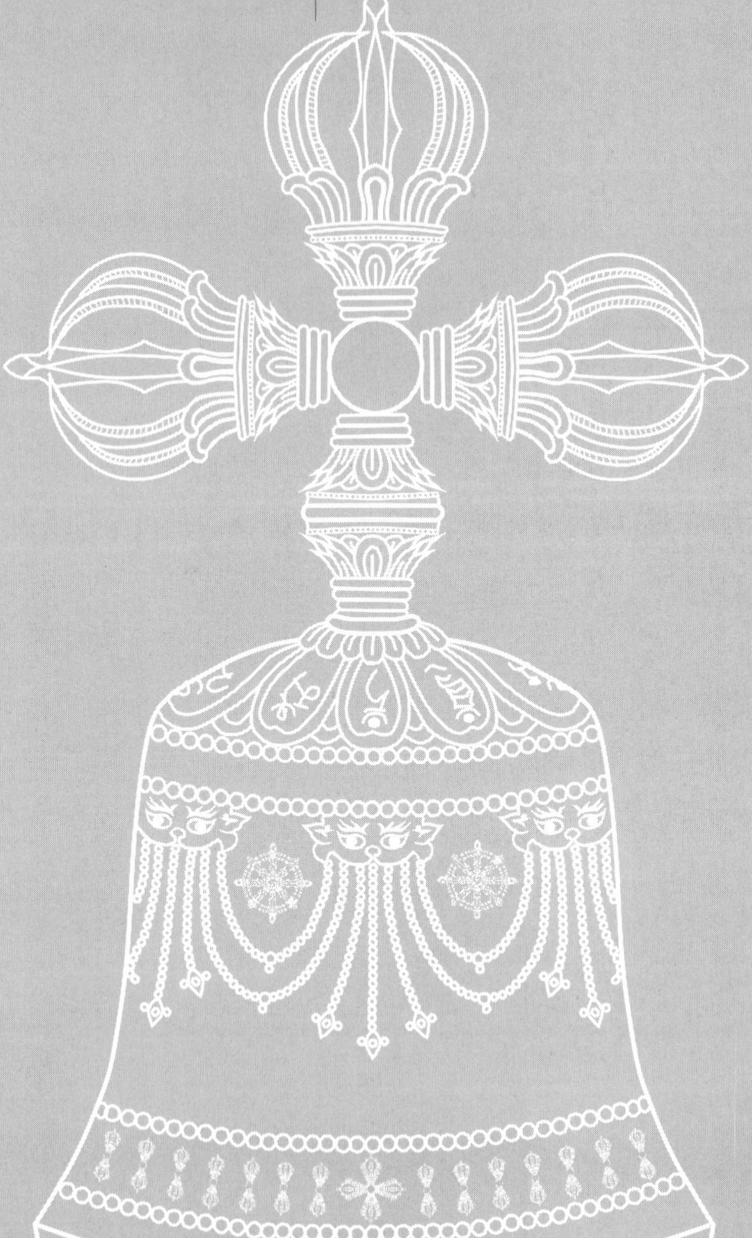

PARTE II
Diários de Uma Buscadora

PARTE II - Diários de Uma Buscadora

Quando Conheci Lama Gangchen

Entrei em um bardo – o intervalo de tempo que existe entre uma vida e outra. Estava sem lugar no mundo. O ciclo amazônico chegara ao fim e eu ainda não sabia onde iria renascer.

Estava de volta a São Paulo. Em março de 1990, reassumi minhas atividades artísticas na *Grande Companhia Brasileira de Mystérios e Novidades*. Em 1991, criei o *Centro de Movimentos Apolíneos e Dionisíacos de Terapias Corporais* e comecei a atender individualmente, utilizando as ferramentas do *Sistema Rio Abierto*.

Vange Leonel e Cilmara Bedaque foram me visitar no apartamento que eu dividia com os jornalistas Giba Colzani e Tetê Martinho. Quando abri a mala para arrumar minhas coisas nas gavetas do armário, morreram de rir com as minhas roupas, que se resumiam a meia dúzia de trapinhos. A floresta tinha me despojado do passado e agora estava procurando meu destino, um novo personagem.

A *Grande Cia* funcionava no Tendal da Lapa, num antigo matadouro desativado do bairro. Nós batalhávamos para que o local se transformasse em um espaço público. Foi um ano de sucesso trabalhando com Ligia e o elenco de acrobatas que depois formou a trupe *Acrobático Fratelli*. Pimentinha veio da

Amazônia e foi a última vez que nos apresentamos juntos, a bailarina e o palhaço.

Nas comemorações do Dia do Trabalho, em 1º de maio de 1990, quando Luiza Erundina era prefeita de São Paulo, tivemos um governo que apoiava a cultura e pudemos utilizar os figurinos do Teatro Municipal em um espetáculo grandioso, que reuniu uma fanfarra circense, a interpretação de O *solo da faxineira*, de Caíque Antunes, os cavalos e pôneis do Felipe Boiadeiro, que ainda ocupavam a Praça das Corujas, antes de serem despejados. Contamos com o ator Roney Facchini em uma grande apresentação no revitalizado Parque da Luz. Ainda amarrava os aparelhos circenses nas árvores e sentia o céu como um potencial palco para escalar e voar. Ligia Veiga dirigia tudo aquilo, com sua genialidade original, como maestrina que seguiu regendo grandes espetáculos sobre pernas de pau, Brasil afora.

Durante aquele ano procurei me integrar com meus amigos, embora me sentisse insatisfeita e sem lugar. Poucos meses depois, abandonei tudo uma vez mais e fui para a Argentina terminar minha formação de terapeuta psicocorporal no *Rio Abierto*.

A partir de então, toda vez que precisava de dinheiro, tirava da cartola meus dotes de massagista e me tornei terapeuta, mudei de posição em relação ao protagonismo no palco. Agora, eu estava a serviço do processo do outro.

Em 1992, em uma tarde de pôr do sol glorioso, combinei de dar uma massagem em Cláudia Proushan e Bel Cesar. Elas me haviam sido apresentadas por Vicente Kutka, amigo de minha irmã Diana, um artista plástico em quem eu confiava cegamente. Eu era a pigmaleão dele, uma pessoa que ele educava e refinava culturalmente. Vicente Kutka foi minha porta para o Dharma. Bel e Cláudia eram mulheres que eu admirava pela força feminina, pela luz que emanavam, e as considero como as embaixadoras do Dharma no Brasil. Eu as enxergava como *Dakinis*, mulheres que vivem no mundo, mas trazem em si uma missão especial. E me encantavam com suas viagens ao Oriente.

Naquela tarde, o tom dourado no céu, anunciava que algo transcendental estava para acontecer. Caminhando pelas ruas, sentia uma euforia, o pressentimento da chegada do futuro em meu presente.

Entrei no *Centro de Dharma da Paz Shi De Tchö Tsog* pela primeira vez. Assim que cheguei, minhas amigas também estavam esfuziantes e me avisaram que estavam recebendo o mestre tibetano Lama Gangchen Rinpoche. Ele era um mestre curador. A massagem seria impossível.

Algo grande e transformador estava prestes a acontecer.

Conduziram-me a uma sala e me apresentaram ao Lama dizendo: ela é uma ótima massagista! O mestre sorridente e simpático, um gordinho cor de canela, sentado em posição de lótus, tomava um sorvete, rodeado de amigos. Quando me sentei no chão, ele descruzou as pernas, pousou os pés no meu colo e sem olhar nos meus olhos, falou:

– Good. E continuou a tomar o sorvete.

Vi-me em um grupo de amigos que conversavam entre si em uma língua híbrida, mistura de português, espanhol, italiano e inglês. Era o Lama, rindo e falando *the secret english* (o inglês secreto, em uma alusão divertida ao Tantra secreto), um inglês que quase ninguém entendia salvo o seu grupo mais íntimo de discípulos ocidentais.

Comecei a gostar do ambiente e a gostar dos pés fofinhos no meu colo, enquanto percorria as linhas e os espaços entre os ossinhos dos seus pés. A alegria, de repente, se transformou em êxtase, e uma pergunta em um segundo atravessou minha mente como um raio e se estabeleceu como questão para sempre: como aquele estado de contentamento toca a espiritualidade?

Lama Gangchen parecia estar muito relaxado. Pensei comigo... "o que seria um mestre curador?" Massageá-lo aumentava meu estado de acuidade mental, fazia me sentir mais presente e enxergar tudo ao meu redor com mais clareza. Buscadora, buscadora... Quando encontrar o que procura, não se esqueça de reconhecer, parar e se contentar!

A incansável busca foi contida e esclarecida quando, posteriormente, deparei-me com um texto de Mircea Eliade, que dizia que os Lamas tibetanos eram herdeiros do que era conhecido no Ocidente como tradição alquímica de realização invulgar – da transformação da prima matéria em ouro, o ouro dos sábios, a matéria em conjunção com a energia, o feminino com o masculino, o que é da terra com o que é do céu. Como escrito na Tábua Esmeraldina, o texto básico de Hermes Trimegistus da alquimia ocidental, o que está em cima é como o que está embaixo, o espiritual e material como unidade indissolúvel.

Respirei aliviada.

Ouro

O ouro dos sábios alquímicos não é o ouro pelo qual reviramos os rios para usar como adorno. A metáfora do ouro alquímico é usada para simbolizar o resultado de um trabalho em nossa aura, algo imaterial. No entanto, é real.

Nascido no Tibete, Lama Gangchen foi entronizado aos cinco anos no Monastério de Gangchen e pertencia à linhagem Gelugpa dos chapéus amarelos, uma das quatro escolas tradicionais do Budismo tibetano no Himalaia. A China ocupou seu país em 1950. A partir de 1963, viveu exilado na Índia e, posteriormente, na Europa. O Tibete havia permanecido como cultura isolada do Ocidente, até os portões de Lhasa se abrirem e a cultura do Himalaia, até então desconhecida, chegar até nós, trazida pelos Lamas exilados na Índia. Encontrar um verdadeiro Lama Tibetano era uma oportunidade de ouro.

Vivi um momento inesquecível, pois algo que não sabia intelectualmente mexeu em profundidade com minhas emoções. Eu estava em casa. Minha alegria inata encontrou um espelho limpíssimo onde se refletir!

Detentor de longa e ininterrupta tradição de Lamas curadores e mestres do Tantra, Lama Gangchen possuía profundos conhecimentos da relação interdependente entre corpo, palavra e mente, e a capacidade de compreender as causas e condições dos males que nos afligem. Ele utilizava as ervas fitoterápicas e a medicina tibetana para ajudar as pessoas a curarem suas doenças.

No momento em que o conheci, ensinava o mantra *Om Muni Muni Maha Muni Shakyamunie Soha* e já havia publicado a *Autocura 1*, que nos desafiava a descobrir quem é nosso amigo e quem é nosso inimigo – aquilo que devemos cultivar, separando do que devemos cortar. Um primeiro discernimento simples, porém, fundamental para qualquer mudança de direção e hábitos de vida. O uso tanto do abraço quanto da espada.

Naquela primeira noite, no *Centro de Dharma*, tive a sensação de ter me deparado com um ser feminino, pleno de acolhimento e de não julgamento, que me tocou como uma mãe. Era uma figura opulenta na carne. Seus pés relaxados no meu colo tinham o peso da gravidade. Sua presença era leve e densa simultaneamente.

Quando terminei a massagem, ele retirou os pés do meu colo com um gesto preciso e descemos para o *gompa*, a sala de meditação. Lama Gangchen Rinpoche, a quem irei nomear daqui para frente apenas de Lama Gangchen, sentou-se no trono.

Foi aí que me dei conta da figura majestosa, coberta de vestes em cores púrpura e amarela, entre flores e incensos, que emanava um aroma delicioso ao redor. Um verdadeiro choque para minha cultura judaico-cristã, fundamentada no medo e na culpa, em que espírito e matéria estão em conflito. Era esplêndido!

No decorrer de seu ensinamento, algo me intrigou e me deixou maravilhada. A cada questionamento meu, ele imediatamente respondia, sem que eu dissesse uma só palavra. Na

PARTE II - Diários de Uma Buscadora

Foto: Débora Tabacof

Lama Gangchen com a estátua da divindade Yamantaka sobre a cabeça, em Ganden, no Tibete

despedida, abraçou um a um dos presentes a quem ofereceu uma flor. A flor era o primeiro de muitos presentes que ofereceria e já manifestava a qualidade da generosidade, muito valorizada no Tantra. Na filosofia que embasava suas práticas, é costume ofertar o que cada um possui de bom e de positivo. Doar e trabalhar em benefício do todo é a forma privilegiada de gerar abundância. A minha ideia de que o trabalho artístico não era algo que beneficiava as pessoas era equivocada.

Nada tem mais valor do que oferecer alegria para alguém.

Aprendi que tudo o que você cria de luminoso pode ser transformado mentalmente em oferenda para que se multiplique e outras pessoas possam usufruir. Aquilo que não é oferecido se perde.

A conexão com o mestre foi imediata. Como grande curador, utilizava o humor para desconstruir nossas identificações e crenças limitantes.

Foi uma noite de música e risos.

O que permaneceu comigo daquela noite foi a flor.

As Mulheres Iluminadas

21 TARAS

No sábado seguinte, convidei minha mãe para fazermos a iniciação de *Tara Branca*, que Lama Gangchen iria oferecer na casa de Daniel Calmanowitz, que eu acabara de conhecer.

Dani e Bel eram os pais de Michel então com 12 anos. Aos cinco anos o menino foi reconhecido por Lama Gangchen, em São Paulo, como sendo a reencarnação de um mestre budista tibetano. Aos doze, foi viver no Monastério de Sera, no sul da Índia, e aos treze foi entronado como Lama Michel Rinpoche, o primeiro Lama do Budismo tibetano nascido no Brasil. Mais tarde viria a fazer sua formação em filosofia budista na Índia e no Tibete. Na convivência com ele, percebi seu interesse pelas práticas de meditação, característica que o distinguia das outras crianças.

Descobri que a iniciação de *Tara Branca* era um ritual de empoderamento que despertava as qualidades maternas de cuidados consigo e com o outro, de longevidade e de pacificação da mente. Quando percebi a existência de *Buda mulher*, deu-se o início de uma revolução. O corpo feminino exibia seu valor e o ritual apontava para uma forma de poder que não emanava de um único centro preenchido e sólido. Como na respiração, que na plena expiração cria condições para que uma nova lufada de ar possa entrar, o esvaziamento foi valorizado.

Enxerguei um poder focado nas relações e nas conexões o **desejo** nomeado como atributo de desenvolvimento espiritual, se utilizado com a motivação correta. Também o vazio tido como condição para o movimento de busca e de aperfeiçoamento.

Saudades da Amazônia. Lá, tinha reparado o quanto as mulheres e as forças da natureza eram relevantes para a harmonia da sociedade, e relembrei o modo de organização da vida comunitária centralizado nas mulheres.

Lama Gangchen emanava uma aura de gentileza. Aos meus olhos era alguém que distinguia a mulher como apta para grandes realizações, como estudei na história mítica de Tara.

Conta-se que Tara era uma princesa praticante do *Dharma* a quem os sábios abençoaram, com um desejo de que ela "renascesse homem" e praticasse a meditação para se tornar um Buda. Ela ficou indignada com a proposta. Assim, tomou para si os votos tântricos e, contradizendo os sábios, mesmo num corpo de mulher atingiu a plena iluminação!

Divinizar a mulher em um momento histórico no qual muitas delas não conseguem sequer nomear o próprio órgão genital, e muitos homens não sabem sequer lidar com uma mulher plena dos desejos de seu corpo, foi um grande achado.

Desconheço se, na história do Budismo tibetano, mulheres escreveram sobre suas experiências com as práticas tântricas em que as palavras êxtase e vacuidade são repetidas em cada prática meditativa, mas confirmo que essa valorização me autorizou a sair do conflito entre o espiritual e o corporal, e a tomar posse do meu corpo. Me senti de volta à minha própria natureza. Eu estava em pleno processo de "trabalho sobre mim mesma" e a iniciação de *Tara Branca* foi a minha pequena revolução.

Espaço - Meu Grande Amor

Lama Gangchen retornou à Itália. Quando voltou ao Brasil, meses depois, nos surpreendeu em um evento em pleno átrio do Shopping Morumbi em São Paulo.

Do nada, começou a organizar o nosso grupo em roda e seu mantra, o som inédito, foi transmitido em um aparelhinho sonoro. Nessa roda, ele iniciou um movimento similar a um voo. Seus braços se abriram, como que penetrando os céus. Fazia o mudra – o gesto simboliza o voo do Garuda, o pássaro mítico nas culturas orientais –. Ao quebrar o ovo, Garuda nasce maduro, bate as asas e alça voo para nunca mais tocar o chão, simbolizando a natureza que é madura, desde sua origem. Dançamos pela primeira vez a conexão com a natureza búdica, e reconheci o mestre encarnado abrindo as portas do espaço interior.

O evento no shopping marcou o lançamento da *Autocura Tântrica NgalSo* do corpo, da palavra e da mente, com a estrutura de cinco elementos. Quando Lama Gangchen falou em um quinto elemento chamado espaço, minha vida se tingiu de luz! Finalmente, encontrei o que procurava desde os tempos do *Projeto Saúde e Alegria*, desde o *Frutificar*, desde a Amazônia.

À medida que Lama Gangchen dava sequência aos movimentos, ele nomeava:

Eh-Espaço   Yam-Ar   Ram-Fogo   Lam-Terra   Bam-Água

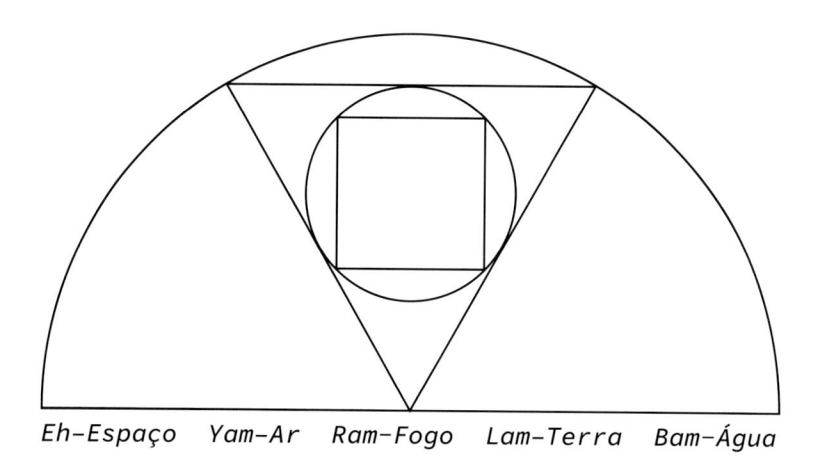

Mandala dos elementos vista de cima segundo
a Autocura NgalSo.

Em seguida, repetia o mantra *Shude Shude Soha* acompanhado dos mudras, movimentos feitos com as mãos, que despoluíam os cinco elementos para deixar aflorar a qualidade cristalina, original, de cada um. Floresta, céu, sol, beira de rio. Eu estava de volta à Natureza.

Vi que podemos limpar cada um dos nossos elementos para que retornem ao seu estado de criação original e que limpar toda a poluição correspondia a voltar a beber da água pura da fonte e esse era o próprio espírito original, com o qual poderia me alinhar e sentir-me ligada.

Enquanto encontrava meu Eldorado – paraíso mítico amazônico –, pessoas passavam apressadamente com suas sacolinhas de compras e nos olhavam com estranhamento, até desprezo. Entretanto, para alguns de nós, foi sim um momento estelar em plena metrópole. Naquele dia, percebi uma vez mais a singularidade da percepção.

O que para uns é a revelação, para outros não tem significado algum.

Fazer a *Autocura* me deixou eletrizada. Então, era isso! Tal qual a taça contém o vinho, o espaço contém os fenômenos. O espaço é o continente e os fenômenos são os conteúdos. O espaço é o recipiente. O espaço me foi apresentado como um palco onde dançam os quatro elementos.

Assim a *Autocura NgalSo* se tornou o eixo dos meus interesses. Uma pesquisa infindável, e o atendimento psicoterapêutico, utilizando a nova sabedoria, tomou a frente dos meus trabalhos. Acho que foi ali que deixei a vida de artista para trás e vislumbrei outro meio para realizar meus desejos criativos.

PARTE II - Diários de Uma Buscadora

Foto: Marcelo Delduque

Expedição da associação de artes curativas himalaia amazônia andes - aachaa - para a prática de cura Tântrica do meio ambiente, no rio Tapajós, em 1996.

Além do ensinamento direto, sem uso de metáforas, Rinpoche somou três novas orações às quatro nobres verdades de Buda.

Sete orações sem limites

Possam todos os seres ter a felicidade e a sua causa.

Possam todos os seres ser livres do sofrimento e de sua causa

Possam todos os seres nunca se separar da grande felicidade que está além de todo sofrimento

Possam todos os seres sempre viver em equanimidade, livres da atração por uns e da aversão por outros

Possam todos os seres se recuperar das doenças causadas pela poluição física e mental e gozar de saúde relativa e absoluta agora e para sempre

Possam todos os seres relaxar em um ambiente interno e externo puro e saudável agora e para sempre

Possam todos os seres desfrutar da paz interna e paz no mundo agora e para sempre

PARTE II - Diários de Uma Buscadora

O Poder da Pergunta

Após o período inicial de dedicação à *NgalSo*, senti a primeira transformação em uma sessão de perguntas e respostas em um retiro em São Paulo.

Chamei esse ensinamento de "um giro na roda do meu Dharma". O Lama dizia que era possível ter pequenas iluminações ao longo da vida. Uma pequena iluminação que te tira da estagnação e te põe em movimento. Um *insight*.

O salão na rua Arapiraca estava cheio. Terminados os ensinamentos, Lama Gangchen abriu para perguntas. Tomei coragem e levantei a mão. Quando disse que não havia encontrado na **Sadhana** – os textos litúrgicos da prática *NgalSo* –, o familiar sentimento de culpa, ele desatou a falar. Houve um burburinho. Para alguns, o mestre estava irado, para outros estava sendo objetivo. Ele estava firme, algumas pessoas comentaram que eu havia levado uma bronca, enquanto outras me parabenizaram. Em meio a tantas ondas emocionais, ele olhava fundo nos meus olhos.

Estava convicta de ter formulado uma pergunta teórica. No entanto, a resposta veio de maneira prática. O sentimento de culpa, presente em quase todas as culturas, não fazia parte da *Autocura NgalSo*. O que ouvi é que a culpa advém do agir incorreto e que isso precisa ser tratado no nível da ação, como um comportamento, um pensamento e uma ação, discriminados da natureza do ser.

Abriu-se uma diferença entre a natureza do ser e o ato. Todo ser é potencialmente um Buda, desde que percorra o caminho da iluminação, que é origem e fim de cada um em um tempo sem início, nem fim.

Cada ato, uma causa que trará consequências.

Naquele contexto, entendi, a culpa seria uma palavra associada ao pecado, que nos mantêm presos ao ciclo vicioso do passado, e o Dharma, ensinamento do caminho da liberação, o ensinamento do Buda, tem o propósito de nos fazer progredir. É o futuro Buda que seremos que passa a nos determinar.

Reconhecer os erros, seja em ação, pensamento ou sonho, é fundamental para a tomada de consciência da nossa própria realidade.

Reconhecer, se arrepender, comprometer-se em não repetir era sua pedagogia. Ser implacável com os erros, porém não se identificar com eles. O ensinamento nos instigava a reconhecer-nos originalmente como seres da natureza búdica, que está na origem e no final do que podemos realizar! Uma confiança basal na pulsão de vida era sua orientação.

Ouvi que na base da mente sem culpa original está um ser humano que é por natureza potente, luminoso e que pode recuperar, por meio do esforço pessoal, o estado natural de uma mente clara. Daí ainda mais importância ao ESPAÇO, em que os erros e defeitos mentais não são as marcas de quem somos deveras, são acontecimentos e atos. Me levou a enxergar a diferença entre o que são nuvens passageiras transitando em nossa atmosfera e o que é o céu azul intocável, que está sempre lá, mesmo quando não o enxergamos.

Pensei: se nossos atos implicam consequências, a chamada Lei do Carma, seria preciso dissolver o sentimento de autocomiseração e vitimismo que acompanham a culpa para assumir a responsabilidade sobre si mesmo. Responsabilidade e não apenas culpa. Trabalhar com a ideia do carma, a lei de causa e efeito, implicava sair da posição de vítima para uma posição ativa. Sermos ignorantes era o pressuposto, agirmos movidos pela ignorância uma e outra vez, consecutivamente, não trazia nenhuma novidade e a isso ele nomeava de "visão errônea da realidade".

Sair desse ciclo de ignorância e sofrimento é o foco da *Autocura*. Sair da passividade e assumir uma posição ativa. Conjugar ação com paz e avaliar os benefícios não só para si, também para o outro e o ambiente.

Percebi que não mirar no sentimento de culpa visava fortalecer a autoestima pelo caminho do *Dharma*. A autoestima passou a ser um desafio de criar e realizar algo significativo, uma conquista pessoal e não algo que é fruto do passado ou que vem de fora, do amor ou reconhecimento que alguém te oferece. É uma construção pessoal.

O caminho do *Dharma* como ato de escolha que se opõe ao carma propõe que é o futuro, o modo de agir de um ser iluminado, que deve determinar nossas escolhas. E nosso comportamento vir a ser o resultado do aperfeiçoamento e do desnudamento das identificações. É um treinamento, mas o objetivo é que algo espontâneo da sabedoria original apareça.

Agarrei a oportunidade de sair do campo idealizado que fazia de mim mesma para adentrar em um estado de agradecimento e reconhecimento da importância do que recebi da família e partir para um compromisso pessoal de transformação.

Encontrei o pior e o melhor de mim mesma. Naquela noite não se tratava do sentimento de culpa inconsciente tal qual estudado na teoria psicanalítica, formulada por Freud.

Naquela noite, o sentimento de culpa foi tratado como ação e responsabilidade individual de mudança e o amor-próprio, algo construído por si mesmo, quando o sujeito se desafia a superar as próprias dificuldades. Um compromisso com o futuro que ilumina o presente e aceita o passado.

PARTE II - Diários de Uma Buscadora

A Mensagem do Oriente

Saí caminhando pela rua, pensando no que escutei e me senti covarde. Estava acomodada, abrindo mão de um significado intenso da vida vivida na Amazônia, adaptando-me à zona de conforto, que o voo do pássaro Garuda e o elemento espaço chacoalharam.

As palavras do mestre oxigenaram minha mente e reacenderam uma brasa adormecida. Ao constatar que podia me reconhecer em um lugar muito maior e mais potente, me reconectei à selva. Minha vida se reorientou desde o eixo interno que aquele encontro pulsante passou a atrair.

A prática de *Autocura* tornou-se uma âncora enraizada no meu coração e prometia estabilizar as emoções de dentro para fora. Para além da perspectiva espiritual, NgalSo tornou-se uma escola de educação emocional.

Na prática de meditação *NgalSo* treinamos para modificar a polaridade da emoção que gera sofrimento interior. Com visualizações, mantras e mudras o ciúme e a inveja, por exemplo, são transformados no próprio poder de realização; sua polaridade complementar oposta; a avareza e o orgulho tomam o aspecto da generosidade e da abundância; o ódio e a raiva, diferentemente do que estamos acostumados a pensar como em oposição ao amor romântico, encontram seu polo positivo na estabilidade (o amor-próprio e o verdadeiro desejo de agir para a felicidade dos outros); o apego (a atração que os objetos de desejo exercem sobre nós); se transforma em sabedoria. Observando de pertinho, os atributos negativos ja escondem em si o seu oposto e vice e versa.

Vi o mestre nos entregando o globo terrestre nas mãos e dizendo:

> Toma a responsabilidade da tua vida. A vida humana é uma oportunidade inigualável de agir, intervir, criar em muitas dimensões. Não utilizas a usina energética que és, ocultando-se em uma posição passiva, alienada da tua própria responsabilidade, vives como se não tivesses nada a ver com as circunstâncias".

Pelo *embrace meditation* – a meditação do abraço –, andando de mãos dadas com seus alunos, o Lama foi estabelecendo uma proximidade sem formalismos. Contava que na tradicional sociedade tibetana era comum guardar distância entre mestre e discípulo, porém as relações do Oriente não serviriam de modelo para nós. Nossa estrutura psicológica e social baseada na individualidade o estimulou a nomear seu sistema de *Autocura*, onde cada qual teria meios de realizar um trabalho interior no formato adequado à própria cultura.

Disse que sua mensagem estava disponível para o mundo e oferecia seus ensinamentos, liberando todos da tradicional relação de compromissos devocionais do discípulo em relação ao mestre. Ao deixar claro que o Budismo não possui caráter proselitista, não buscava adeptos nem a conversão. Incentivava a consciência em todas as suas formas.

Lama Gangchen procurava captar ao máximo a mente e o modo de vida ocidental, tornando a linguagem dos textos tradicionais mais acessível e incentivando que seus alunos compartilhassem as próprias experiências.

A proposta de trabalho do Lama no Ocidente era de que cada um continuasse com sua própria religião, expandisse a espiritualidade, e o compromisso com uma cultura baseada na paz.

Era um praticante com maestria na linhagem da Louca Sabedoria. Uma escola anárquica no interior da instituição religiosa budista que prioriza o insight ao invés do ensinamento formal. Um dispositivo de crítica dentro da escola, que expõe a tendência à mecanização, ou seja, da repetição sem significado, que o pertencimento às instituições impõe. Nessa tradição, o que aos olhos do senso comum é loucura, é a forma mais adequada para transmitir a essência da "visão correta da realidade".

Mensagens revolucionárias quebrando as mecanicidades repetitivas para que algo essencial, vital, se manifeste.

Para abraçar o novo paradigma muita água ainda iria ter que rolar.

Depois de me conectar com as ideias de Lama Gangchen, nunca mais saí por aí com vestes de saltimbanco, vivendo perigosamente, e arriscando para me sentir viva. Embora gostasse da vida sem laços e sem raiz, era hora de reconhecer o encontro. Parar para apreciar o alimento tão arduamente procurado e se nutrir dele. Meditar. Sentir. Reconhecer.

Eu queria saber tudo sobre o Budismo e passei a acompanhá-lo em palestras e eventos.

No Congresso da LAMA GANGCHEN WORLD PEACE FOUNDATION, em Madri, em 1992, em que o Lama discorria sobre terapêuticas complementares da medicina oriental e ocidental, subitamente eu o vi tal qual um ser gigantesco que ocupava todo o anfiteatro. Todavia, no palco, aquele grande ser tomava a forma diminuta de um boneco manipulado por fios invisíveis. Vi um Ser Superior se manifestando através da dimensão humana. Foi como se a magia do teatro de marionetes desmontasse por um instante e o ator verdadeiro que manipula os fios fosse enxergado por um átimo, antes de as luzes voltarem a se apagar. Me emocionei com a figura do pequeno Lama fazendo um esforço imenso para se comunicar e ser compreendido pela plateia.

Tomei refúgio – um voto de relacionamento com o mestre que passa a ser nosso companheiro e guia espiritual. Me senti acompanhada, aconchegada, e usufruí da limpidez de um espelho para refletir que o impossível poderia se tornar possível.

Em Buda, Dharma e Sangha tomo refúgio até a iluminação.

Com a prática da generosidade e das outras perfeições possa eu atingir a iluminação em benefício de todos os seres.

Do encontro com a filosofia budista ressoou em mim um novo pensamento:

No punishing God. No guilt. Just watch your mind
Sem um Deus punitivo. Sem culpa. Fique ligado à sua mente.

Abria-se a oportunidade para que nós o conduzíssemos aos caminhos amazônicos.

Eugenio Scannavino, Claudio Cipullo, Lama Gangchen e Laudeco a caminho do Puja de Fogo em Alter do Chão

Aprendi que a paz é uma autonomia, um compromisso interno, um estado que temos que cultivar independente das condições externas. A paz não é passiva e não se confunde com a alienação, é uma escolha ativa pela não violência e se implica com a transformação da realidade. Um compromisso que o sujeito faz consigo mesmo de ficar inabalável frente as tormentas do mundo ao redor, ao mesmo tempo em que busca beneficiar tudo que o toca.

Com a educação para a paz, o meio ambiente volta a se regenerar porque a pessoa percebe-se em relação responsável com a realidade, em um estado de constante transformação, em um estado de interdependência responsável por seu mundo, suas projeções mentais e muda sua atitude.

A paz nesse contexto é um pacto de lapidar o próprio ser e tornar-se um agente de transformação em prol do coletivo, usando menos recursos de violência e mais recursos de compaixão; pactuando consigo mesmo e com seu pequeno grupo, em circuitos cada vez mais abrangentes e virtuosos.

PARTE II - Diários de Uma Buscadora

PARTE II - Diários de Uma Buscadora

Conexão Himalaia Amazônia

O processo é singular e a alegria é viver no plural, compartilhar!

Vicente Kutka e eu pegamos a estrada rumo à casa de Bel Cesar, em Ubatuba, onde Lama Gangchen iria oferecer mais uma iniciação da prática *NgalSo*. Chovia. Mulheres entravam e saíam de seus aposentos, interrompendo a conversa. Tudo muito fluído, movido por outro tipo de motivação. Não havia opressão, o mestre era uma autoridade acolhedora e receptiva. Além de palavras, o que acontecia ali abria a cada momento um campo de possibilidades.

Após o café da manhã, Lama Gangchen comentou no grupo que assistira a um filme 3D sobre a Amazônia, em Nova Iorque. Quando se levantou, segurei sua mão e falei em inglês:

— Sabia que passei um ano na Amazônia?

— *Tell me* — falou me aproximando do seu abraço.

Sentei-me ao seu lado. Seus atributos de me puxar para seu universo me faziam vibrar e desejar ardentemente conhecimento, prazer, vida. Muita vida! Daquele fértil momento, recordo o sentido de potência que dei ao encontro, quando comecei a contar minhas aventuras.

A curiosidade do mestre permitiu que conversássemos a sós pela primeira vez. Nesse dia, ele me conheceu. Fui relatando minhas experiências profissionais como terapeuta corporal, e artista intrépida nas cordas e trapézios do *Circo Mocorongo de Saúde e Alegria*.

Ele me ouvia e recebia o reflexo do meu nervosismo, do meu entusiasmo, da minha instabilidade expressa em risos, lágrimas, exclamações e interrogações. Entreolhamo-nos. Entendemo-nos. Ele mirava algo muito profundo e sereno no meu íntimo, enquanto eu subia e descia a montanha-russa de emoções. Eu era novamente a Palhaça Abobrinha e ele o mestre tibetano exilado no Ocidente.

Eu a gota, ele o mar.

E foi com uma inconsequência quase pueril que, ao final de nossa conversa, perguntei se ele gostaria de conhecer a Amazônia.

- Yessss! Respondeu, fazendo um longo gesto afirmativo com a cabeça.

E assim começa a nossa história.

Aquelas eram palavras grávidas, gordas, férteis, carregadas de sementes, com poder de gerar movimento, de fazer girar a roda, de criar mundos e realidades plenas! Palavras que atravessavam véus, potencializadas em uma jovem que seria alçada à liderança de uma expedição à floresta.

Entronamento de Lama Michel Rinpoche

Ainda assim, não botei muita fé naquele longo Yesss. Eu ainda não sabia o que eram as "palavras de verdade".

Monastério de Sera, no Sul da Índia

As "palavras de verdade", cujo significado ainda não tinha decifrado, me trouxeram uma questão relevante: a da alteridade.

Até conhecer a Índia, eu pouco conhecia o "outro". Porque até você chegar ao Oriente, tudo para você é Ocidente. Tudo a que você teve acesso até então é cultura ocidental.

Já havia me deparado com essa questão no *Projeto Saúde e Alegria*, anos antes, em uma realidade diferente. Na floresta, o outro era o ribeirinho, o indígena, em um universo que eu desconhecia, mesmo sendo brasileira.

Aceitar o meu semelhante como ele é mexeu com minhas estruturas.

Fui para a Índia movida pela curiosidade e pela vontade de aprofundar meus conhecimentos sobre o Tantra, o ensinamento do caminho Vajrayana, uma das quatro escolas do Budismo tibetano. Quando vi a chance de acompanhar Bel e seu pequeno grupo, arrumei as malas e parti. Afinal, Michel Calmanowitz, o menino que eu conhecia desde criança, havia sido reconhecido como um Tulku - um mestre reencarnado -, e ia ser entronado como um Rinpoche no Oriente.

Era 1994. Embarcamos de São Paulo para a Índia com escalas em Paris e Londres. O grupo de brasileiros era restrito aos familiares e alguns amigos: Bel Cesar e Fernanda (mãe e irmã de Michel), Perside Guimarães, Bebel Franco e Cláudia Homburger.

Cheguei à Índia arrasada. Um ladrão roubara minha bolsa no metrô de Paris. Daniel, bem adaptado à Índia, foi nos esperar em Mumbai. Ele havia chegado antes com o filho para passar um ano acompanhando-o em Sera, e cuidar dos preparativos da cerimônia de entronamento.

Ambos moravam em uma casa, junto com o professor Guen-Lágpala, um dos monges mais antigos do Monastério de Sera, onde Lama Michel iria viver os nove anos seguintes. Nos anos 1990, o local era uma ocupação de tibetanos em exílio na Índia. Ficamos hospedados na mesma casa em que viviam Daniel e Michel. Depois vim a saber que a casa pertencia a Lama Gangchen. Sempre movimentadíssima, parecia o centro dos acontecimentos locais.

Tive muita bronquite em Sera, o que me deixou bastante desestabilizada. Mesmo assim, tentava me manter conectada com Lama Ken Rinpoche, seguindo-o por todos os lugares. Era um grande mestre, cuja presença me fazia esquecer de tudo. As pessoas ao redor sussurravam que ele tinha a realização do corpo de arco-íris. Diziam que quando o sol batia em seu corpo não projetava sombra no chão. Seu corpo era pura energia. Ele só tinha um dente na boca, era baixinho, os olhos pareciam lançar faíscas. Ele me hipnotizava. Era uma dessas figuras que atravessam nossa vida trazendo perspectivas de um conhecimento totalmente disruptivo por onde entra uma brecha de luz inovadora.

Lama Gangchen permitiu que Perside e eu acompanhássemos Bel em suas visitas aos professores, que iriam orientar os estudos de Lama Michel. Tenho plena consciência de que minha presença ali era "café com leite", alguém sem função nenhuma, mas que não atrapalhava. Eu agradecia, diariamente, a sorte de estar em situações de intimidade com grandes mestres tântricos detentores de um saber milenar, visitando-os em seus quartinhos semelhantes às tradicionais cavernas de prática nos Himalaias, em que viviam de um modo tão particular. Ali, rodeados de livros, dormiam, acordavam e, às vezes, era também onde se alimentavam. Passavam o dia sentados em catres cobertos por tapetes e os lençóis só eram colocados na hora de dormir. Durante o dia nunca faziam a cama com lençóis esticados como costumamos fazer, pois naquela cultura isso indicaria a proximidade da morte. Nessas celas monásticas esses professores tinham seu próprio altar e mesa de oferendas e, muitas vezes, ali mesmo realizavam longos retiros de até três anos de duração.

Observando os monges, vi que gostavam de ouvir rádio e fazer fisiculturismo. A partir das três da madrugada, começava um rumor de vozes, e ouvíamos a massa sonora, que ecoava das recitações dos textos memorizados.

Além do Monastério, Sera é também uma universidade monástica concebida nos moldes do Monastério com o mesmo nome, no Tibete, onde é dado grande valor aos textos, que depois de memorizados são debatidos na forma tradicional de tese, antítese e síntese.

Os debates utilizam o método da contradição, para chegar a uma síntese em um terceiro lugar desidentificado, vazio. É um dos principais recursos educacionais em uma cultura, primordialmente, de transmissão oral.

Os debates eram ruidosos e aconteciam nas salas de aula, nos pátios e nas assembleias, onde os monges estudantes realizavam uma coreografia com o uso do mala - um rosário de 108 contas. Iniciavam quando um aluno jogava o mala para o alto ao mesmo tempo que formulava uma pergunta, e o outro respondia batendo palmas vigorosamente, como em um desafio.

Enquanto assistia aos calorosos debates, imaginava como teria sido na *polis* grega. Na ágora, onde discutia-se apaixonadamente a filosofia. O debate é um método de aprendizado para desconstruir as certezas e abrir espaço para a chamada "visão correta da realidade", em meu entendimento, um modo de estar na vida que não está permeado pela projeção do eu sobre a realidade.

Lama Michel viria a se destacar como excelente debatedor no idioma tibetano.

No Monastério de Sera havia três templos de três andares, que abrigava de três a quatro mil meninos, que já haviam tomado os votos monásticos desde muito pequenos. Todos iriam receber moradia, alimentação e formação rigorosa até atingir a idade adulta. É costume nas famílias tibetanas que pelo menos um de seus membros dedique-se à vida monástica.

Na entrada dos templos, inteiramente decorados com cores intensas, reparei enormes colmeias de abelhas penduradas nos tetos pintados de laca, e um mar de sandálias de dedo ante as imponentes portas. Dentro, era tudo muito colorido, com imagens de tankas, os quadros pintados à mão das divindades, dos budas e da liturgia, além de flâmulas. Um cheiro de manteiga e incenso inebriava os sentidos e a presença do sagrado era material. O campo vibracional, perceptível.

Lama Gangchen e outros Gueshes - professores de filosofia - deram início ao Ritual de Entronamento, que se desenvolveria durante vários dias consecutivos em diferentes salões do Monastério. Era época das monções. Recordo das lindas Carmen, Nunney, Tiziana e Cosy, além de Maria Tereza, Ariela, Luiza, mãe de Alice e Francesca, acompanhantes do Lama, trajando *tchubas* - os tradicionais aventais coloridos de seda - em meio ao barro e a luz.

Durante o entronamento havia uma disciplina rigorosamente estabelecida. Lama Gangchen e Lama Michel ocupavam o lugar mais alto e permaneciam sentados, cada um em seu trono, diante dos monges. A hierarquia ditava a lógica de distribuição dos lugares das pessoas dentro daquele espaço. Os monges sentavam-se no chão alinhados em fila e ali recebiam o *chapati* - um pão assado sem fermento. O chá vinha em enormes bules e era servido em cumbucas. Bel e Daniel recebiam as homenagens devidas e Michel sempre sóbrio, sem afetação nenhuma, permanecia sentado sozinho em um grande trono que revelava por contraste seus apenas treze anos.

A cozinha do Monastério era um dos meus locais preferidos, tanto pelo tamanho gigantesco dos utensílios como pela enorme quantidade de comida servida diariamente em tachos de cobre para um batalhão de pessoas.

Nem todos no Monastério falavam inglês, o que é comum na maioria das cidades turísticas na Índia. Mesmo assim, eu curtia o sentimento da família humana com quem me comunicava por gestos e afetos. O Sul da Índia é solar. Na época das chuvas era bastante úmido e parecia um pouco com a Bahia, minha terra natal.

Para dar uma ideia do que é um **Ritual de Entronamento**, reproduzo a seguir as palavras de Daniel Calmanowitz:

> Em janeiro de 1990, na Índia, Rinpoche contou para mim e para Bel, que nosso filho Michel era um Lama reconhecido como a reencarnação de um antigo professor de Sera. Estávamos em Déli, na Índia, e ele nos falou sobre isso de uma maneira muito bonita, suave e natural. Saímos do encontro muito tranquilos. Em dois de julho de 1991, Lama Michel completou dez anos. O aniversário foi comemorado em Katmandu, no Nepal, com Rinpoche reconhecendo-o como Lama, em uma comemoração acompanhada de um pequeno grupo de discípulos ocidentais na casa dele. Rinpoche

colocou Lama Michel sentadinho em uma almofada mais alta e pôs um pequeno chapéu amarelo de Lama em sua cabeça.

Em 1993, ao chegarmos em Borobodur, fomos para o *gompa*, onde Rinpoche cortou uma mecha do cabelo do menino, ato que simboliza a renúncia. Pouco tempo depois, Michel manifestou a vontade de se tornar monge e estudar em Sera. Uma cerimônia de Entronamento consiste em mostrar que a partir daquele momento o menino torna-se um Lama e, como tal, irá receber os devidos ensinamentos e formação acadêmica para se tornar apto a ensinar o Dharma. Trata-se de um reconhecimento da sociedade tibetana em relação àquele menino, que se tornou Lama Michel Rinpoche. Durante a cerimônia, os monges tibetanos ofereceram *katas* - lenços de tecido - às autoridades monásticas, familiares e amigos. A origem do hábito tibetano de oferecer a *kata* remonta às tradicionais guirlandas de flores confeccionadas na Índia para serem oferecidas a alguém em uma cerimônia. Assim, os monges iam passando na frente dos tronos de Lama Gangchen e Lama Michel, e fazendo a oferenda da *kata*, que significa oferecer longa vida ao Lama. Em seguida, o Lama coloca a *kata*, que recebeu, em volta do pescoço da pessoa que lhe ofereceu, o que simboliza as bênçãos do Lama. No final, nós da família ficamos todos escondidos atrás de uma montanha de *katas*. Lama Michel tomou os votos monásticos e começou a ter acesso a um tipo de educação bastante complexa, não só sob o ponto de vista dos estudos, mas também de uma cultura quase impenetrável para a mente ocidental". [Depoimento do monge budista Daniel Calmanowitz, em abril de 2021].

Durante o entronamento percebi que algo grandioso estava acontecendo, embora ainda não tivesse me dado conta da magnitude do ritual e da responsabilidade que Michel estava tomando para si. Afinal, Lama Michel Rinpoche era, praticamente, uma criança.

A cerimônia me parecia bastante íntima e familiar em número de brasileiros presentes, ainda que, na Índia, fosse um acontecimento notável. Tive a impressão de que Lama Michel sustentava com muita tranquilidade a concentração por horas seguidas, capacidade que eu já observara nele anos antes, quando uma noite, na casa de seu pai, resistiu sentado no chão a mais de oito horas de iniciação do mestre tibetano Gueleg Rinpoche. Quando todos os presentes estavam exaustos, caídos nas almofadas, ele permanecia calmo, ereto e atento ao mestre de Philip Glass.

A partir do momento em que Lama Michel foi entronado, a pedido de Lama Gangchen, passou a falar espontaneamente em público e a dar ensinamentos. Sentava-se no trono com diferentes grupos ao seu redor e o Lama convidava-o a falar de improviso sobre a experiência da paz e a explicar o Dharma para pequenas e grandes plateias, que se encantavam com sua espontânea lucidez. Para nós, ocidentais, escutar e aprender com uma criança de treze anos era admirável! Lama Michel era muito lógico, racional, nada propenso às mistificações e era um garoto ocidental, que curtia computadores e tecnologia. A vida comum e a magia se entralaçavam.

A certa distância do Monastério existe uma montanha considerada sagrada na região. É dedicada a Heruka, uma das divindades do panteão budista, consorte de Vajrayoguini. Fomos de carro até o sopé. Diante de uma enorme escadaria com degraus de pedras irregulares, Lama Michel começou a prostrar-se de corpo inteiro no chão até o topo da montanha. Uma entrega, uma presença, e devoção impressionantes! Na volta, Perside, já mais velha, desceu as centenas de degraus de bunda e nos divertimos muito, o sagrado e o mundano entrelaçados formando uma só maneira de viver.

Ali, uma montanha não era apenas uma montanha. Aquela montanha era cultuada como se fosse animada, viva, um lugar sagrado. Qual o grau de consciência que existe nos fenômenos da natureza, em uma montanha, em uma árvore? E que seres podem habitar nesses lugares a quem devemos reconhecer e honrar? Em nossa cultura ocidental a matéria é inanimada, mas não necessariamente essa é a única forma de ver e viver no mundo. Na Amazônia, nos Andes e também nos Himalaias existem culturas que percebem a realidade de uma outra forma, mais viva, com espíritos que habitam determinados lugares e o tornam especiais.

Encerrado o entronamento, passamos alguns dias juntos em Bangalore fazendo passeios, indo às compras, em um clima descontraído e de amizade. Bel e eu íamos ao mercado de flores e Lama Michel negociava com os indianos até sairmos com verdadeiras braçadas de jasmins e rosas. Fui comprar umas pedras semipreciosas de um mascate na rua e era incrível como Lama Michel distinguia o verdadeiro do falso com uma clareza singular.

Um dia, perguntei a ele que pedidos faria a um gênio, se encontrasse a Lâmpada Maravilhosa. Me olhou com estranhamento e falou, "Ué, se isso fosse possível, o Dalai Lama, que tomou para si os votos de Bodisatva - aquele que nasceu para ajudar todos os seres, já teria realizado os desejos de todo mundo". Com muito mais experiência no olhar, me deu um tapinha nas costas dizendo que cada qual tem que fazer por si mesmo, não há como alguém realizar por você.

E foi assim que fui me familiarizando com as três joias do Budismo tibetano: **Buda, o desperto; Dharma, o caminho; Sangha, a família espiritual.**

Trijang Dordje Tchang Rinpoche e Lama Michel Rinpoche

Foto: Débora Tabacof

As Cavernas

Quando soube que de lá, Lama Gangchen partiria para o Tibete, decidi acompanhá-lo. Antes, porém, ele me orientou a fazer um roteiro de peregrinação a Sarnath e às cavernas de Ellora e Ajanta.

Sozinha em Ellora, deslumbrei-me com a arte de montanhas inteiras de pedras esculpidas na forma de templos. Desbastar a pedra que irá resultar em uma obra é um processo de esvaziamento, desnudamento e construção que intuí como a metáfora do que posteriormente adotei como forma de trabalhar. O fazer terapêutico consiste em uma retirada de material psíquico rumo ao espaço interno, a algo pulsional, resultante de um processo de lapidação. No final da retirada das pedras brutas surgem os templos, gigantescos altares que já estavam lá encobertos pelas montanhas.

Ajanta é um local de tanta tradição na linhagem de Lama Michel que transcende a experiência da arte. Datada do séc II a.C, foi descoberta sob densa vegetação em 1819. Trata-se de um conjunto de cavernas onde praticava-se meditação, um conjunto arquitetônico com universidade, monastérios antiquíssimos e templos descobertos em uma expedição arqueológica digna de Indiana Jones. Ainda se veem muitos vestígios e esculturas em seu interior. Aquelas cavernas perdidas em uma floresta me brindaram com uma visão positiva do passado, da natureza criadora, artística e potente, de um conhecimento que parcialmente se mantém visível enquanto grande parte é esquecido e submerge nas camadas inconscientes, é tomado pela floresta.

É o único lugar do qual ouvi Lama Michel relatar que teve uma experiência de recordação de vida anterior. Ajanta, caverna de um tempo perdido, é um lugar onde temos a certeza de que floresceram culturas humanas com alto nível de desenvolvimento intelectual antes da nossa era.

Fui a Sarnath. Lá encontrei Gueshe Sherab, que dirigia a biblioteca localizada no jardim sagrado, onde, conta-se, o príncipe Sidarta Gautama, após revelar-se como um Buda, começou a oferecer ensinamentos. Foi Gueshe Sherab que me falou pela primeira vez sobre o Budismo ser uma filosofia que não crê em um único Deus criador, origem de todo o universo. Foi uma machadada na minha cabeça, demorei anos digerindo essa informação.

Lama Gangchen havia me incumbido de entregar um grande livro sobre plantas medicinais ao seu amigo diretor da biblioteca. Lá ouvi histórias da fuga dos tibetanos pelas montanhas. Carregavam os preciosos ensinamentos do *Dharma*, livros escritos em folhas soltas e amarrados, cuidadosamente, em tecidos de seda. Grande parte da biblioteca de Sarnath foi transportada sob a roupa dos monges, quando partiram para o exílio. Histórias de fugas sempre me remeteram à história familiar dos judeus da Europa, no início do século XX, às memórias da minha avó Ida.

Terminada a peregrinação, intuí que seria uma oportunidade única entrar no Tibete pelas mãos do meu mestre. Com a perspicácia de sempre, meu pai me perguntou como Lama Gangchen iria entrar no Tibete, se ele era exilado. - Ele tem passaporte italiano, respondi.

PARTE II - Diários de Uma Buscadora

Katmandu

A caminho do Tibete, a primeira escala seria em Katmandu, no Nepal, onde a Sangha de diversas partes do mundo iria se juntar a nós no *Katmandu Healing Center*. O Centro, construído por Lama Gangchen, perto da famosa Estupa de Boudhanath - um monumento, que representa a mente de todos os seres iluminados -, adotava tanto a medicina ocidental quanto a tradicional tibetana para prestar atendimento à população mais pobre. Salas de ortopedia, odontologia, centro cirúrgico e outras especialidades médicas alopáticas se somavam ao uso dos fitoterápicos, massagens e outras práticas naturais complementares.

O *Healing Center* realizava pesquisas na linha do que havia sido apresentado no ano anterior, no *Congresso de Medicinas Alternativas*, em Madri, organizado pela *Fundação Lama Gangchen para a cultura de paz*. No encontro preparatório para a entrada no Tibet, ainda no *Healing Center em Katmandu*, ouvi Lama Gangchen dizer:

❝ Captar e doar energia. Isso é o que precisam aprender comigo. Vocês não precisam usar as minhas vestes nem adotar a minha cultura, porque os meus hábitos tradicionais são de outro tempo, quando a estrutura social, política e espiritual andavam juntas. Não foi para isso que vim do século VIII, do Tibet, para dar ensinamentos a vocês. Não há tanto para se invejar do passado, pois há muitos valores de liberdade e igualdade do Ocidente, que são de maior valor. Estamos aqui para inventar um novo veículo de sabedoria para o século XXI. A escolha pela mente pacífica para cada um usar em seu próprio contexto cultural. Propagar o Budismo no Ocidente interessa muito menos do que apreender sua essência de motivação de benefícios, o reconhecimento da positividade que subjaz a todo mundo fenomênico e a ética supra religiosa. Importante é aprender a meditar para manter a mente estável e compreender como não levar adiante a destruição social, que ameaça o meio ambiente exterior e o mundo interior." [Depoimento de Lama Gangchen, em Katmandu, 1994].

Em Katmandu coexistiam três tempos: o tempo presente, os anos 1960 e séculos atrás. Podíamos pegar um riquixá - o meio de transporte barato e rápido da região, uma charrete puxada por bicicleta -, ir até o McDonald's tomar um cone de sorvete de açafrão, em meio aos macacos que transitavam livremente pelos templos, entre hordas de turistas e iogues. O invisível e o cotidiano estavam intimamente costurados. Katmandu era um furo na linearidade do tempo.

As mulheres faziam oferendas em pequenos templos. O café da manhã delas também era a refeição dos deuses.

PARTE II - Diários de Uma Buscadora

O Vajra, símbolo da qualidade indestrutível da essência
espiritual, como um diamante. Foto tirada em Katmandu

Tibete, Teto do Mundo

O aeroporto do Tibete é distante de qualquer cidade, localiza-se em meio a uma vastidão sem fim. O avião levanta voo em Katmandu, sobrevoa os picos da maior cordilheira da terra, sobe, sobe, sobe e aterrissa lá no alto, no teto do mundo.

Um monge muito alto, chamado Gueshe Yeshe Yantsu, foi o que mais me chamou atenção entre os vários amigos e familiares de Lama Gangchen que nos aguardavam no saguão do aeroporto. Em um impulso, lhe ofereci um cristal transparente que trazia do Brasil. Era uma forma de me manter ligada a ele e criar um vínculo duradouro mesmo que nunca mais o encontrasse nessa vida.

O grupo seguiu em um ônibus, serpenteando por lagos, pedras e grandes vazios de terra sem vegetação. A guia turística atiçou nossa curiosidade contando sobre as sílabas de mantras e figuras de Budas, que emergiram espontaneamente nas pedras ao longo do caminho, magicamente.

Ainda na estrada a caminho de Lhasa., paramos no Monastério de Atisha, figura lendária, que segundo consta foi o primeiro indiano a introduzir o Budismo no Tibete, por volta do ano 1000 d.C. A antiguidade daquela civilização me causou grande impacto. O ambiente era medieval. Dentro desse templo havia uma múmia de uma menina de dez anos, nascida em uma família rica, que ofereceu todas suas joias para Atisha

Tudo o que vi em Sera, no sul da Índia, era novo e moderno em comparação às raízes vistas no Tibete.

Monastério de Ganden - Tibet

Foto: Débora Tabacof

Chegamos ao hotel. Eu estava acostumada a viajar sozinha. Enquanto todos optaram por descansar, devido à altitude e a diferença de fuso horário, minha curiosidade me impeliu a sair, sem me dar conta de que estava em um lugar em que ninguém falava inglês e a situação para estrangeiros era delicada.

Um frisson de estar em um mundo inteiramente novo parecia acender todos os meus neurônios. O hotel tinha estética chinesa. A rua era outra coisa. A população rural montanhesa e muito vitalizada, me encaminhou naturalmente em direção ao mercado próximo. Comi sentada na calçada, o primeiro de uma série de lamens.

Senti, logo de cara, grande afinidade com o povo tibetano, pelo modo hospitaleiro de receber os estrangeiros e porque se parecem fisicamente com os povos andinos, que já conhecia desde minha formação do *Rio Abierto*, em Mendoza, Argentina.

Os homens da província de Kham eram imponentes com suas facas e punhais. As mulheres usavam aventais multicoloridos tecidos em tear, semelhantes aos das mulheres andinas. Parecia que carregavam sobre o corpo todas as joias e bens que possuíam. Os cabelos dos homens eram trançados com fios de seda vermelha e o das mulheres com pedras preciosas de turquesa e âmbar.

Jokhang - Lhasa

Ao final da travessia pelo mercado, cheguei a um centro para onde o fluxo de pessoas convergia. Sem saber, caminhara em direção ao Templo de Jokhang. Vi um lugar escuro, maltratado e triste, e pessoas que pareciam exaustas. Eram em sua maior parte camponeses em peregrinação ao grande templo na capital. Mantinham o porte de nobre estatura, cheios de enfeites e adereços coloridos sobre vestes negras. Faziam prostrações sobre tábuas estendidas no chão, gastas em sua superfície pelo escorregar das mãos e joelhos repetitivamente ao chegar no templo. Voltei correndo para o hotel, vi os traços da cultura chinesa opressiva nos rostos, os rastros da violência e da brutalidade, me vi ressentida com a pobreza e a sujeira, estava confrontada com uma nova cultura e me senti arrependida de não ter permanecido com o grupo.

No dia seguinte, a programação oficial da viagem começava com uma visita ao templo principal de Lhasa. Qual não foi a minha surpresa, ao chegar ao mesmo lugar, onde havia estado no dia anterior, o mesmo Templo de Jokhang. Era, porém, um outro lugar, agora iluminado e preenchido, um ambiente de leveza e alegria.

Quando entrei no grande pátio central, acendi duas velinhas, em meio a centenas de outras que desenhavam com luz toda a área interna do pátio retangular. Lama Gangchen fazia uma oferenda de luz. As estátuas de ouro e pedras preciosas, que certamente já estavam ali no dia anterior, pareceram despertar. O mesmo espaço, antes escuro, tornara-se esplendoroso.

Lama Gangchen conduzia a oferenda e aquilo foi um claro ensinamento de como o ambiente pode ser transformado. Conforme as velinhas iam sendo acesas pelas pessoas, a experiência sombria revelava sua face luminosa. O lugar era o mesmo, mas a realidade era outra. Mil vezes me vali daquela experiência para encarar situações desde o prisma luminoso, e outras mil vezes me esqueci desse poder de transformar a realidade aplicando mais luz. Esse poder está sempre ao nosso alcance.

Uma única vela acende centenas de outras sem perder sua própria qualidade. Esse é o mistério da generosidade.

Com Lama Gangchen conheci as diversas salas do Jokhang. Chegamos à estátua principal do Buda Shakyamunie.

Lama Caroline nos contou que essa estátua central do Jokhang, chamada JOWO, fazia parte do acervo de Bodhgaya, na Índia, até o século XVIII, quando então foi transportada para o Tibete. Foi nos jardins de Bodhigaya, sob sinais auspiciosos, sinos e muita energia positiva que Lama Gangchen, pela primeira vez ofereceu a transmissão oral da *Prática de Cura Tântrica do Meio Ambiente*, em 1992. Senti conexão com aquele Buda ,que me deslumbrou.

Na manhã seguinte, havia neve no alto da montanha e a bruma encobria as ruas de Lhasa. Fomos conhecer o majestoso Palácio de Potala, onde outrora residiu o Dalai Lama, líder espiritual e político do Tibete. De lá, saímos para conhecer a famosíssima Estupa de Gyantse e atravessamos picos de montanhas floridas de mostarda, no verão de agosto, sem quase vida humana visível, apenas poucos animais - iaques e cavalos -, e alguns grupos, que me pareciam viver em um espírito ainda tribal. Vi os tibetanos reunidos em mutirão como nos *pushi-runs* na Amazônia. Avistei um grupo de pessoas que cantavam e dançavam nos telhados enquanto pisavam e amassavam o barro. Eram vizinhos que se reuniam para levantar suas casas e o espírito comunitário ainda nos convidava a refletir sobre nosso modo de vida, todos morando perto, empilhados, nas grandes cidades, embora tantas vezes sentindo-nos tão sós.

Templo de Jokhang - Lhasa

Foto: Débora Tabacof

Tashi Lumpo – Shigatse

Partimos para Shigatse, antiga capital do Tibete, para visitar o Monastério de Tashi Lumpo, onde Lama Michel iria aprender o idioma tibetano e que faria parte de sua formação monástica, intercalando com períodos em Sera. Foi uma experiência fora do tempo, como se eu conhecesse cada lugar daquele imenso prédio, que abrigava o templo. Tudo conversava comigo.

O Monastério era uma cidadela medieval, uma construção secular no topo das montanhas do Himalaia, com grossas paredes de pedra para enfrentar o rigoroso inverno. Meus olhos marejados olhavam os grupos de crianças que cantavam com voz aguda para receber Lama Gangchen. Tive vontade de ficar ali para sempre, pois parecia conhecer aquele ambiente desde sempre.

Os praticantes do Tantra viviam imersos em um cotidiano inimaginável e, paradoxalmente, atraente para mim. As salas eram escuras, iluminadas por velas de manteiga, e tudo ao redor revelava uma cultura voltada para o mundo interior. Os instrumentos musicais em tons graves simulavam o trovejar da terra. Os sons tilintantes dos sinos, símbolo do espaço feminino, eram agudos e acordavam os sentidos. O coro dos monges de chapéus amarelos me fazia vibrar e fiquei por horas ouvindo-os.

Em Shigatse, tive uma experiência intensa. Tudo o que sonhei encontrar durante os meus anos de leituras alquímicas encontrei na cidadela de Tashi Lumpo. Os monges quase não saíam, mas para mim seus olhos conheciam o mundo e o refletiam. Tudo era impregnado pelo cheiro de velas de manteiga e pelo intenso cheiro de incenso de ervas queimadas em grandes fornos. Sentia-me muito familiarizada com os monges que, mesmo sem palavras, exibiam um semblante comunicativo, aberto.

"Conhece-te a ti mesmo e entenderás os mistérios do universo". Mais do que nunca o aforismo atribuído a Sócrates ressoava com sentido para mim. Não é preciso sair pela porta de casa para conhecer o universo, porque trazemos os conflitos do mundo dentro de nós. Na verdade, é preciso abrir a porta para dentro e, o caminho para dentro, estava ali representado no Buda. E mais, é na experiência com as outras pessoas que nos abrimos mutuamente. Não vi um caminho solitário, vi uma pequena sociedade organizada para ensinar a abrir a sensibilidade e o estudo de si mesmo.

Aquele cenário, as pedras, as pessoas e as largas paredes eram meus irmãos. Caminhei por todo o dia pelas escadas labirínticas de Tashi Lumpo, ora sentindo medo da vida, ora sentindo entusiasmo pelas oportunidades de conhecimento. Um cachorrinho doente refletia minha vulnerabilidade, o olhar das crianças monges, toda esperança do mundo. No subsolo do Monastério, onde parecia nunca entrar a luz do sol, reverberava a frequência musical grave das longas trombetas e os agudos dos sinos. Passei todo o dia naquele labirinto que vivi como a metáfora de toda uma encarnação, tamanha intensidade com que cada lugar me tocava.

Despedir-me de Tashi Lumpo foi difícil. Chorava diante das montanhas, já com uma saudade presumida.

PARTE II - Diários de Uma Buscadora

Senti o esplendor do Dharma mais adiante, na estupa recém-construída que abrigava as cinzas de Panchen Lama, falecido há pouco tempo, ao lado da qual ouvi Carmen Iodice cantar os mantras da *Autocura Ngalso*. Tudo era ouro. O que experimentava naquele lugar era o modo mais claro de enxergar a realidade. Um modo não, a própria realidade vista de um modo diferente, luminoso.

Voltamos a Lhasa. Após uma noite de muitos pesadelos, fomos ao Monastério de Shalu, famoso pelas pinturas mais bonitas do Tibete. Descemos do ônibus e presenciei um senhor das redondezas tendo um ataque epilético na frente do Monastério. Fragilizada, comecei a ter uma crise de pânico conforme ia entrando nas sucessivas salas.

O ambiente escuro cheio de imagens pareceu-me fora deste mundo. As estátuas eram ameaçadoras. As *katas* sobre as mesinhas formavam uma bruma como nuvens. Fiquei sem chão. Corri em direção ao Daniel. Ele estava junto de Lama Michel, que me deu a mão, e juntos fomos percorrendo sala por sala. Suas mãos eram frias, porém seguras. Ele tinha uma visão objetiva do lugar e com seu bom humor característico, percorremos os ambientes, enquanto ele apontava para cada coisa tal qual era, ria enxergando uma realidade e não a projeção da realidade tingida pelas emoções. Apontava cada detalhe com pragmatismo e perguntava do que eu tinha medo. Ali, percebi quão imaginários eram os meus temores e meus sonhos com fantasmas, que tingiam aquela realidade com tintas de horror. A mão fria de um menino ia descortinando os véus das ilusões. A mente clara, racional, científica de Lama Michel é uma dádiva que só cresce desde então.

A vida no Tibete era muito bonita, com uma cultura ancestral fechada em si mesma. Descobrir o país pelas mãos de um Lama Tibetano acompanhado de seus discípulos, que mantinham ligações com aquela tradição, era muito intenso e revelador das coisas que eu estava procurando. Eu queria conhecimento sobre a energia e sobre o espaço, sobre o significado da energia grosseira, sutil e muito sutil e principalmente, de como eu poderia desenvolver todo o meu potencial e ajudar as pessoas. Viajar era um meio, não um fim em si mesmo.

Foi emocionante montar em um cavalo com uma sela coberta por um rico tapete bordado vermelho e o cabresto enfeitado com sinos que tintilavam ao som do trote, que me verticalizava em direção ao desejo de iluminação. Daniel, no cavalo ao lado. Seguíamos por uma estrada que levava à aldeia, onde o Lama havia nascido, um ponto distante de tudo e tão universal. Lá estava ela! A pequena vila no alto da montanha, próxima ao Monastério de Gangchen, lugar da infância de um mestre tão caro para mim, que me ensinava finalmente o que eu mais desejava obter. Em que tempo estava? Na Idade Média? no futuro? Estava na estrada...

Caminho porque creio, e porque creio volto a caminhar e reitero a confiança no que está adiante e ainda não posso enxergar.

A casa de Lama Gangchen era construída ao redor de um enorme cristal. Fizemos as koras, as circumbulações e cantamos o mantra *Om Mani Peme Hum* em volta do altar, sentindo o longo caminho entre aquele lugar e os verdes trópicos do Brasil.

Lembro-me de um ritual tibetano de fartura e bem-aventurança, quando o povo local pegou farinha de cevada, que é praticamente o único alimento que eles têm, e jogou para cima, fazendo uma nuvem que, como um talco branco, caiu sobre todos nós. Ficamos dentro daquela nuvem que se formou no ar criando alegria, êxtase e valorizando o momento como experiência de alto valor espiritual.

Foi a mesma alegria que senti quando fui pela primeira vez ao *Centro de Dharma*, em São Paulo.

Ao final da viagem chegamos ao Monastério de Gangchen, onde uma multidão aguardava Lama Gangchen para receber nem que fosse um leve toque de mão sobre a cabeça.

«No Tibete, há uma multidão de pessoas, que passam dias na fila para obter uma bênção dele.». (*The Elements and Me*, Lama Caroline).

O grupo de ocidentais conseguiu entrar. Infelizmente, muita gente ficou aguardando fora dos muros. O Lama havia captado recursos para instalar um sistema de encanamento e tratamento de água, e plantava árvores para recuperar a região. Participávamos do seu projeto de levar nove estátuas folheadas a ouro do Buda Maytrea - o Buda do futuro - para nove monastérios nos picos das montanhas.

Passamos o dia com a nossa Sangha tibetana do Monastério de Gangchen, e fomos meditar no *Mirror Lake*, único espelho d'água da região. Conta-se que o lago apareceu na paisagem quando, em uma vida passada, Lama Gangchen tocou uma pedra com seu bastão e fez brotar a nascente de água doce. Esse brotar miraculoso da água dava ao pequeno lago a característica de ser um local de meditação, onde o peregrino poderia ter visões de suas vidas passadas e futuras. Era preciso deixar o espaço mental disponível para a imaginação trazer informações. As visões de cavalos e arco-íris múltiplos permaneceram comigo por muitos anos.

Em outra ocasião fui com Perside e Bel em uma leitura de futuro com a *mirror lady*, uma velhinha tibetana que prometia falar de nossas vidas passadas através do oráculo de um espelho de cobre antiquíssimo. Saímos de lá com o ego bem achatadinho, pois ela disse que eu havia sido um yaque, enquanto Perside e Bel teriam sido uma a cachorrinha da outra.

Antes de deixar Lhasa, fui conhecer Norbulingka, o palácio de verão do Dalai Lama. Lá estava Gueshe Yeshe Wangchug, novamente, um guardião morador do local. Foi então que me ocorreu escrever *Paz Saúde Alegria*, em português mesmo, em várias bandeirinhas de vento coloridas como o arco-íris. Foi a maneira que encontrei de estabelecer a conexão da floresta, que tinha através do *Projeto Saúde e Alegria*, com o Tibete.

PARTE II - Diários de Uma Buscadora

Mirror Lake - Monastério de Gangchen

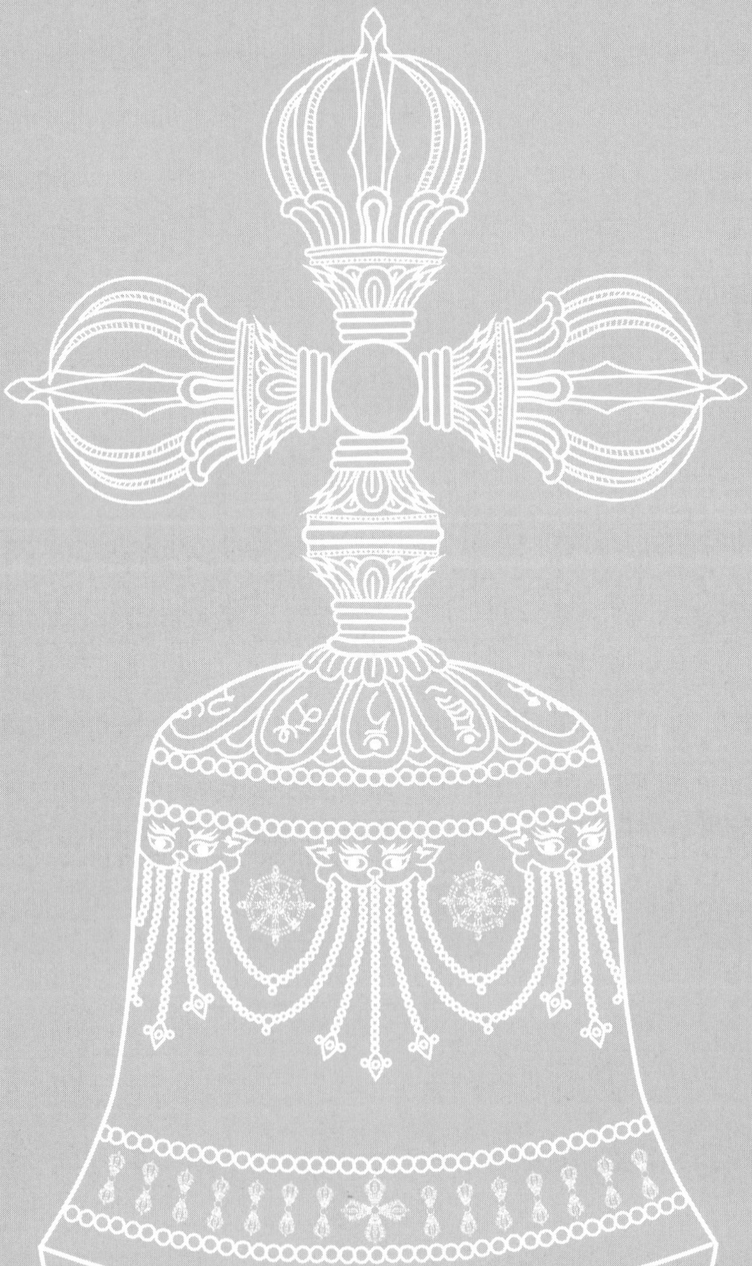

PARTE III

Um Desejo Compartilhado

PARTE III - Um Desejo Compartilhado

PARTE III - Um Desejo Compartilhado

Criação da aachaa

Romper com o conhecido, fazer experiências comigo mesma, desmecanizar os padrões presentes na cultura em que fui criada.

Foi assim que me animei em participar do *tchulen*, o primeiro retiro de meditção chamado *Nutrindo a Essência*, organizado pelo *Centro de Dharma*, em Campos do Jordão, São Paulo, no dia 7 de setembro de 1993.

O retiro foi conduzido pelo italiano Claudio Cipullo, amigo de Lama Gangchen e seu primeiro tradutor do tibetano para o inglês no Ocidente. O desafio era permanecer em grupo durante dez dias. Nos quatro dias centrais não iríamos ingerir nenhum alimento sólido, apenas pílulas feitas pelos monges tibetanos que Cipullo trouxe para nós.

No exercício da concentração durante o jejum aprendemos a nos conectar mais profundamente com a base da realidade, com um apoio que não advém da comida. Ficamos preenchidos com outro tipo de nutrição. A ausência das refeições deixava os dias soltos e quebrava nossa rigidez de hábitos. A surpresa de passar tranquilamente vários dias sem comer nada sólido, apenas água, mel, chá de cardamomo, cravo, canela e açafrão, além das pílulas feitas de flores e outros ingredientes, nos permitiam aceder a estados de muita concentração e leveza. Fazer

PARTE III - Um Desejo Compartilhado

a refeição depois do período do jejum era, avidamente, esperado e em seguida causava pesar, perdíamos a clareza mental, um padrão de lucidez a ser conquistado depois.

O *NgalSo tchulen* foi inspirado no retiro *Taking the Essence* (Tomando a Essência), de Lama Yeshe, e foi o principal instrumento de educação do grupo que se formou a partir desse encontro. Cláudio Cippullo foi nosso mentor e grande amigo, com quem realizamos muitos retiros na Bahia. Rosa Maria Gurgel, na época, uma menina de vinte anos, estudava para ser dentista, e desde então já possuía uma presença intensa em um silêncio atento. Foi raiz do trabalho que floresceu depois.

O encontro com outras pessoas no caminho do *Dharma* trouxe a intensidade de um desejo compartilhado. Mas não formamos de imediato nenhum compromisso. A prática de meditação penetrou nosso cotidiano e fecundou um grande amor entre nós.

O tempo foi passando... Eu cada vez mais envolvida com o cotidiano, quando na festa de casamento de Simone Bambini e Beppe Negozzio, Cipullo me disse:

- Rinpoche quer saber sobre a viagem à Amazônia!

Minha reação foi de assombro e incredulidade.

As palavras de verdade, cheias de sentido, voltaram para me acordar.

Três dias depois, em um retiro na represa de Guarapiranga, em São Paulo, Cipullo insistiu novamente sobre a viagem e insinuou que o mestre havia sugerido que eu fosse a presidente da futura associação que teríamos que criar para levá-lo à Amazônia.

Naquele momento, uma linda mulher se levantou das almofadas, no chão, e se ofereceu para ser minha secretária. Era Debora Laruccia, com quem iniciei uma incrível parceria e experimentei, desde sempre, os desafios da construção de uma relação entre mulheres que, ao invés de serem rivais, se validam e revalidam, constantemente.

Ali se instaurou a sororidade. Uma *win win situation*, em que ambas as partes se beneficiam, quando mulheres tomam as rédeas para realizar algo juntas. Um lugar de irmandade feminina no sentido de saber cuidar e de estar a serviço da vida.

Na cultura em que crescemos, a autoestima feminina era, e ainda é, atacada por homens e até pelas próprias mulheres, às vezes, de forma inconsciente. Grande parte do trabalho do nosso grupo que começava a se formar estava em consonância com o aspecto tântrico do valor feminino.

O Tantra é uma escola filosófica que foi ensinada diretamente por Buda Shakyamunie. Conta-se que também foi oferecido aos reis e rainhas da época, comprometidos socialmente com o reino, impossibilitados de praticar a renúncia dentro de um sistema monástico. A base do ensinamento é o compromisso social, o benefício do próximo e permaneceu como um método de autotransformação para nós, seres mundanos, através das épocas e criou sociedades com altos valores morais e éticos.

Nessa tradição, a energia feminina, presente em todos os corpos independentemente do gênero, dá especial ênfase ao *take care*, ao cuidar - está associado à maternagem e se estende como um atributo de compromisso com a preservação da vida. Como em questões de gênero, não está ligada ao corpo, ao organismo e, sim, a qualidades, funções e atributos de identidade.

A conexão que nosso grupo identificou como traço comum foi a união entre corpo e espírito sem a dualidade. Com os povos amazônicos eu já havia tido essa experiência indivisível de corpo e espírito, integrada à vida do rio. Tinha me descoberto corpo e vivido a própria floresta amazônica como um corpo feminino abundante no qual me descobri como mulher.

aachaa

PARTE III - Um Desejo Compartilhado

Da empatia que surgiu no *tchulen* entre nós e os ensinamentos de Lama Gangchen criamos, *em 1994*, a **aachaa - associação de artes curativas himalaia amazônia andes.**

A partir do nosso interesse comum pela floresta e da pesquisa dos cinco elementos, nos comprometemos com um projeto social que se tornou um vórtice de energia, que organizou nossas vidas ao seu redor.

A ideia de escrever o nome da **aachaa** em letras minúsculas foi de Vicente Kutka, criador do logo inspirado na rosa dos ventos esculpida na porta de Tushita, em Borobodur, na Indonésia. Na mística oriental, Tushita é a terra pura do Buda Maitreya, uma sociedade iluminada, na qual os seres superaram o sofrimento. O monumento de Borobudur é considerado patrimônio histórico mundial na ilha de Java e é o referencial mais significativo no resgate dos ensinamentos compilados por Lama Gangchen na prática N*galSo*.

PARTE III - Um Desejo Compartilhado

No início da *aachaa* estavam presentes Ana Paula Fadoul; Cesar Sartorelli; Débora Laruccia; Edurlan Ganzauskas, o Bidhu; Fausto Kutka; Gabriela Brioschi; Nelson da Silveira; Patricia Concha; o palhaço Pimentinha; Rosa Maria Gurgel e Rosangela Zanchetta. Magnólio e Vicente Kutka, *in memorian*, eram nossos conselheiros. Juntos começamos a sonhar um retorno à Amazônia.

Recebemos um telefonema de alguém que ouvira falar da viagem do Lama à Amazônia e propôs incluirmos os Andes em nosso roteiro. Encarei a proposta como um bom auspício, pois éramos como esponjas captando ideias no ar.

Decidimos focar o trabalho no campo espiritual, nos diferenciando de associações com outros objetivos. Não queríamos nos estabelecer na floresta e, sim, criar uma **rede** entre organizações e pessoas que despertassem para a importância do meio ambiente. Pela meditação e arte (uma experiência intensa com os cinco elementos terra, água, ar, fogo e espaço), tocar o próprio ser artístico, criativo e curativo nas viagens, proporcionando a experiência de amor à Amazônia.

Ao separarmos religião de espiritualidade, estabelecemos que o trabalho não teria caráter religioso e sim de pesquisa. Nos conectamos com o elemento espaço por meio das práticas meditativas. Então, concebemos o conceito das artes curativas que interliga o poder criador pessoal com a geração de benefício - uma ação direcionada ao social e ao meio ambiente.

Tínhamos como mapa, os princípios da transformação das próprias emoções por meio da *Autocura NgalSo*, que

PARTE III - Um Desejo Compartilhado

colocamos em prática nos eventos e viagens. Todos os participantes e viajantes da *aachaa* eram convidados a *"ser um artista de circo"* usando o modelo de participação interativa do *Projeto Saúde e Alegria*. Na *aachaa*, a distribuição de tarefas buscava uma hierarquia democrática. Sempre fomos uma tribo de caciques. Nosso ideal de "poder" era um modelo de gestão que não emanasse de um centro, mas operasse em rede por uma motivação comum. Um acordo tácito entre nós era assumir os erros dos demais como sendo os erros de todos. No meu íntimo, desejava um modelo que não tivesse um único centro, cujo valor não estivesse em um único ponto de poder. Eu sonhava uma roda horizontal em que a dança dos papéis fosse fluída e as responsabilidades circulassem, que as funções tanto de produção quanto de liderança tivessem o mesmo valor. Sabia que o trabalho que se destina a incluir o benefício ao outro era o modo de nos lapidar, praticar a compaixão e vislumbrar um sistema colaborativo.

A ideia de turismo em grupo foi um *insight*, que me ocorreu quando Cipullo me intimou a liderar a missão:

- É você quem vai organizar a viagem de Lama Gangchen à Amazônia!

Lama Gangchen gostava de empoderar as mulheres. Foi dessa maneira que anos antes ele determinou que Bel Cesar seria a pessoa indicada para conduzir o primeiro centro que ele iria inaugurar no Ocidente.

Do sutil ao denso, coagular uma ideia e trazê-la da coroa dos céus ao reino da terra, foi assim que de uma ideia viramos um grupo de trabalho.

Começamos a idealizar e organizar o primeiro roteiro de uma viagem artística, ambiental e espiritual com o objetivo de levar conosco pessoas que se sentissem tocadas pelo chamado da primeira *Autocura Arte Amazônia*. A proposta entusiasmava. Eu dormia e acordava pensando em navegar em estado de meditação e nos benefícios que a ponte de ida e volta, entre a filosofia budista tibetana e a da floresta, iria trazer. O turismo de base comunitária, uma opção sustentável que traria benefícios imediatos para a comunidade.

Para suportar o pique frenético dos preparativos da viagem, a *aachaa* instituiu hábitos para manter o bem-estar. Criamos o *guia dos astronautas do espaço interior*, aliando novos exercícios às práticas de dança e meditação, que eram o cotidiano do nosso trabalho. Aprendemos a fazer o suco verde, usar alimentos crus e frescos e adotamos a prática de dois exercícios básicos do livro *Doenças, causas e tratamentos*, do Doutor Jong Suk Yum - o do vaso capilar, para acelerar a circulação sanguínea; e o banho de hormônios, para ativar as glândulas endócrinas e equilibrar as emoções.

Foi por meio das práticas dos astronautas do espaço interior que encontrei a chave do que se chama conexão, um jeito de se ligar a algo maior, universal.

Como se ligasse a própria tomada em uma fonte de energia. Na época, meu livro de cabeceira era *Shambala, a trilha sagrada do guerreiro*, de Chögyam Trungpa. Durante a leitura, tentava apreender a prática do guerreiro que se mantém vital, presente e concentrado. O desafio era mover a consciência para dentro do canal central, o eixo do nosso mundo interno, *axis mundi*, que equivale à coluna vertebral.

Estar atento ao que se passa no interior do próprio corpo e das emoções é o fundamento da percepção. Mas o trabalho de conexão se dá em perceber que este universo infinito particular, parafraseando Marisa Monte, não está em um estado isolado do seu meio. Mal se consegue discernir entre interno e externo mesmo se permanecemos em um nível atento da relação com o entorno.

Começamos a conviver dia e noite e viramos uma família de praticantes NgalSo.

Diz Lama Gangchen nos livros *Autocura* 1, 2 e 3 que NgalSo é composto por:

Ngal, nosso mundo pessoal poluído, que surge do apego a si mesmo e do egocentrismo;

e

So, que surge da mente que relaxa no espaço vazio, cheio de luz.

Compreendi que estar no mundo sem o foco do Eu como centro e sim do EU como uma função operativa, é a chave para CONECTAR-SE a esse campo de sustentação, em que o espaço interno é como o externo, o que está em cima é como o que está embaixo. Encontrei no símbolo da leminiscata a representação de que o que está dentro e o que está fora fluem de um lado ao outro.

Grupo aachaa na chuva fazendo o mudra do voo do Garuda - São Paulo

Foto: Arquivo pessoal

NgalSo nos ensina a nadar para nos tornarmos bons salva-vidas!

A associação necessitava de dinheiro para seus projetos. E partimos para angariar fundos para pagar o trabalho dos artistas comunitários da Amazônia que iriam se apresentar na *Autocura Arte Amazônia I*. Organizamos jantares e eventos em São Paulo. E convidamos pessoas para terem a experiência de elementos puros da natureza, em um ambiente despoluído e saudável. Fomos conduzidos a um estado emocional, mental e físico positivo. Esse foi o início da nossa pesquisa sobre a relação entre natureza externa e interna, quando criamos eventos que chamamos de artes curativas, vivências, experiências terapêuticas em comunhão com o lugar.

aachadoos e aachadaas

Silvia Motta, grande amiga do *Centro de Dharma*, fez a ponte com Renata Melão, que nos emprestou sua casa da Praça Manduri, projetada pelo arquiteto Eduardo Longo. Ocupamos o espaço durante um final de semana inteiro de artes curativas. O cenógrafo André Cañada pintou, na torre da casa, os dois olhos da Estupa de Boudhanath, de Katmandu. Laura Finocchiaro, com sua parceira Leca Machado, musicalizou os mantras que utilizamos em vídeos. Lala Deheinzelin, os artistas plásticos Aguillar, Peticov e Marta Oliveira, a ceramista Stella Ferraz, a diretora de arte Andrea Velloso e o escritor e ambientalista indígena Kaká Werá, entre outros, idealizaram um universo poético com cada um dos cinco elementos e realizaram uma performance do meio externo interdependente do interno, tornando-o um só.

A arte é a ponta de lança da cultura.

Aproximamo-nos dos artistas e atuamos na cidade de São Paulo para conectar mais e mais pessoas à floresta amazônica. Por meio do contato com Aguillar, artista plástico da nossa Sangha, também ocupamos a Casa das Rosas, na Avenida Paulista, onde cada um dos elementos foi exaltado em instalações artísticas com materiais reciclados, trazendo à tona a questão do lixo urbano e da não violência.

Foram cinco dias, cada um dedicado a um elemento, com apresentações de teatro, música, lançamento de livro e palestras.

Instalamos um campo de meditação como forma de resistir à violência, dando ressonância ao pensamento de Kaká Werá:

"O meio ambiente não é meio, é inteiro".

Diante das dificuldades de organizar uma expedição à Amazônia, abriríamos a picada, pois o que viria depois, os Lamas, a hospitalidade das comunidades e o caminho do Dharma, era extremamente confiável. Ao recitar o mantra *No Problems Soha* aceitávamos os problemas como parte do processo criativo. O mantra fazia o que era grande se tornar pequeno, e depois tão pequeno, que o espaço o dissolvia.

Obviamente, nem tudo transcorria com tranquilidade. Muito pelo contrário! Cada ação levantava ondas de emoções violentas com as quais tínhamos que lidar. Deixávamos as emoções emergir, para saírem de baixo do tapete e aplicarmos o método da autotransformação.

É no calor da relação entre as pessoas, que o trabalho acontece e o embate com a realidade nua e crua quebra a autoidealização em que insistimos em nos manter.

As decisões, as interferências e os problemas geram a faísca necessária para que o fogo acenda, como a cabeça do palito de fósforo friccionando a caixinha, como aconselhava Maria Adela, ao dizer que é em grupo que precisamos trabalhar para nos lapidar.

PARTE III - Um Desejo Compartilhado

Foto: Jacques Faing

Olhos de Estupa se abrindo em São Paulo, homenageando através das instalações artísticas cada um dos cinco elementos.

PARTE III - Um Desejo Compartilhado

PARTE III - Um Desejo Compartilhado

Saúde, Alegria do Corpo. Alegria, Saúde da Alma.

O *Projeto Saúde e Alegria*, que me acolheu em 1989, foi nosso grande parceiro na primeira viagem da *aachaa* e ofereceu a estrutura para o encontro. O palhaço Pimentinha foi um facilitador, além de disponibilizar a lona azul do circo de sua família, para ser armada nas comunidades ribeirinhas, que iríamos visitar. A presença do circo era a garantia para a circulação dos saberes, da legitimidade da importância da cultura amazônica e uma arena na qual os ribeirinhos e os visitantes apresentavam sua arte.

Obstáculos e dúvidas surgiam, mas a motivação era mais forte. De Manaus, recebi uma carta de João Félix, que mesmo sendo praticante de outra linhagem budista se ofereceu para nos buscar no aeroporto e nos hospedar em sua casa. "Um lugar onde nenhum Buda pisou, não possui as condições mínimas favoráveis para seus seres atingirem a iluminação. Como posso ajudar?".

PARTE III - Um Desejo Compartilhado

❝ Comecei com essa história de querer meditar quando era criança. Vivi no circo e lá a gente aprendia desde cedo a se equilibrar, a fazer números de perigo e usava muito a concentração, do poder que há em você se concentrar e usar a sua mente para realizar aquelas atividades do circo que são muito difíceis, como andar na corda bamba, voar no trapézio, dar um salto ou uma pirueta por cima de outro acrobata, jogar cinco ou seis claves de malabares. Sempre pensei um dia aprender em uma escola como é fazer esse tipo de treinamento. Havia um núcleo de Budismo japonês, em Santarém, e meu tio, que era praticante, me levou lá. Depois, no exército, em momentos limite de cansaço extremo, comecei a meditar de novo. Me lembrava daquelas coisas do circo e conseguia terminar meus exercícios tranquilo e calmo, não tão cansado ou esgotado como os outros colegas. Eu saí do circo de lona e fui trabalhar em um projeto de circo social, em que conheci a psicóloga e artista Débora Tabacof. A gente conversou muito sobre a utilização do circo e

PARTE III - Um Desejo Compartilhado

das artes como instrumentos transformadores e de modificação de pensamento, de posição, de modo de viver. Ela foi embora, passei um tempo sem vê-la. Um amigo em comum, Magnólio de Oliveira, nosso grande mestre, me ligou e falou: olha, vem aqui em casa em São Paulo, para encontrar nossa amiga Débora. Ela havia conhecido o mestre tibetano Lama Gangchen Rinpoche e queria ver como fazia para levá-lo para a Amazônia. Eu falei: bora, é fácil. Fizemos uma reunião em São Paulo, e depois eu fui conhecer o *Centro de Dharma* e a casa dela, onde havia um espaço de prática de meditação. Isso me emocionou. Acreditei na proposta do Lama Gangchen vir para a região amazônica contar um pouco da cultura dele e da cultura de paz mundial, de paz coletiva, da cultura da não violência, da *autocura*. Eu estava próximo de conhecer um mestre de verdade, original". [Depoimento do Palhaço Pimentinha - Luís Evandro Barbosa, em julho de 2021].

PARTE III - Um Desejo Compartilhado

PARTE III - Um Desejo Compartilhado

Lama Gangchen e a Autocura Arte Amazônia

In memoriam a Magnólio e Vicente Kutka, que as cores de um e a alegria do outro transitem entre nós por meio do absoluto céu azul sem nuvens.

A chegada de Lama Gangchen à Amazônia foi e será a maior realização de um propósito. Ele chegou acompanhado por Lama Caroline. Havíamos trabalhado incansavelmente durante um ano e meio, para finalmente ver nossa motivação se tornar real. Em julho de 1996, pela primeira vez na história, um mestre budista tibetano pisou em solo amazônico.

Na nossa aventura, oitenta pessoas do Brasil e de outros países chegaram a Santarém, no Pará, e seguiram para o Hotel Tropical, onde passaram a noite, antes de embarcar para a floresta. Entre elas, as fiéis escudeiras de Lama Gangchen, Cosy, Bebel e Ariela; "Dindala" Franco Ceccarelli, Cipullo, minhas amigas Cláudia Proushan e Bel Cesar, as cineastas Anna Muylaert e Andrea Sant'Anna, Marcelo Delduque, a equipe da *aachaa*, muitos outros viajantes aachaados e amigos do Projeto Saúde e Alegria.

Era o início de uma jornada da *Autocura NgalSo para o Meio Ambiente* revelar que os cinco elementos eram as cinco grandes mães, a membrana permeável, entre nós e a natureza formando uma unidade inseparável.

Foi uma viagem espiritual – *Holy Days* - dias sagrados repletos de sentido.

Na bruma úmida do calor tropical, na fértil floresta enquanto os convidados locais chegavam para se integrar ao grupo, o grande Mahasiddha, o *Mestre da Louca Sabedoria*, adormeceu.

Foi com emoção que nos reunimos em silêncio ao seu redor enquanto ele descansava da longa viagem. O momento me fazia recordar os ensinamentos recebidos em um *tchulen*: existe uma equivalência entre uma vida e um dia, o adormecer ao processo do morrer; e o acordar, ao processo do nascer.

Lama Gangchen despertou pleno de energia, pulou da cama lépido e descemos ao jardim perfumado onde nos aguardavam. Estávamos acesos, como animais selvagens de volta para casa. Após os cumprimentos, recebemos as lideranças comunitárias e celebramos aquele momento com uma grande festa. Nós o víamos como sabedoria viva, mística, e apesar das diferenças entre a sua cultura e a nossa, sentia-se em casa. A festa se deu ao redor de uma piscina de águas azuis ladeada pela floresta tropical.

Durante a festa, aquele mesmo senhor de Acaratinga que eu havia conhecido em 1990, veio tocar seu violino, lembrança de um forasteiro alemão do início do século XX, que o deixara ali, naquela "Terra do Nunca" escondida na beira do rio. O instrumento serviu de modelo para outros e criou uma tradição musical em sua família. Música, aromas, encontros, a vida iluminada pela luz do *Dharma* mostrou como podemos viver nesse mundo de uma forma positiva. Mostrou a Amazônia viva, cheia de poder vitalizante para cada um de nós. Mostrou que ainda há tempo para cuidarmos dos elementos e que podemos criar energia com o método da generosidade em direção a nós mesmos e ao outro, o entorno, que é também nosso interno.

PARTE III - Um Desejo Compartilhado

Levantando o mastro do circo em Vila Gorete - rio Arapiuns

PARTE III - Um Desejo Compartilhado

Foto: Marcelo Delduque

PARTE III - Um Desejo Compartilhado

PARTE III - Um Desejo Compartilhado

Fazendo as Pazes com a Amazônia 1996

Na manhã seguinte, foi uma grande surpresa quando Lama Gangchen apareceu com uma caixa de fitas cassete com o registro, até então inédito, da prática *Fazendo as Pazes com a Amazônia* (*Making Peace with the Amazonia*), narrada em português por Mônica Benvenuti, figura querida na trama da história do *Centro de Dharma* e do encontro entre Lama Michel e Lama Gangchen. Foi ela quem sugeriu a Bel convidar o Lama para conhecer o Brasil.

A prática *Fazendo as Pazes com a Amazônia* (*Making Peace with the Amazonia*), lançada em Santarém, no Pará, em 1996, é hoje praticada em muitos lugares do mundo. Também chamada de *Cura Tântrica do meio ambiente*, foi criada em Bodhigaia, em 1992, onde se destaca a importância da floresta por meio de dedicações em diferentes idiomas.

Nas palavras de André Cañada, "a importância dessa meditação é que ela foi feita especialmente para a floresta amazônica, uma prática que um Lama Tibetano criou para o Brasil".

Naquele dia formalizamos o laço entre Lama Gangchen e seu grupo com a preservação da vida na floresta amazônica!

Criamos mais um ponto na rede interdependente de grupos, pessoas e motivações internas que se transformam para que o resultado mundial de cura do meio ambiente possa um dia ser atingido. Uma rede de muitas línguas que formam um arco-íris só!

Por que um Lama Tibetano vinha de tão longe para se comprometer com a nossa floresta tropical?

Quando vi Lama Gangchen despojado de suas vestes habituais, sentado na raiz de uma Samaúma, em posição de lótus, enxerguei a imagem do Buda Shakyamunie, atingindo o estado da iluminação, também sob uma árvore, após lutar contra as forças de Mara, a representação dos próprios conflitos, sustentando um outro estado de consciência do Ser.

A paz interna, em meio a natureza, é uma frequência de energia que reverbera e cria um campo ao mesmo tempo afetado e afetando tudo ao redor!

A floresta amazônica, com tudo que já sofreu, ainda hoje possui grande potencial de paz, saúde e alegria. É uma farmácia viva, um arsenal de plantas medicinais não catalogadas em risco de extinção sem ainda ter sido documentada pela ciência. Além disso, seus povos originários possuem a sabedoria da comunicação com os elementos fundamentais para o futuro.

Ao nomear a prática de *Fazer as Pazes com a Amazônia*, Rinpoche apontou para os nossos conflitos internos e sociais. Nos convocou a reconhecer a preciosidade da floresta nos cinco elementos, fundamento da prática Tântrica, e a fitoterapia como fundamento da medicina tanto indígena quanto tibetana. Veio se comprometer com a preservação de um imenso reservatório de água doce, com os rios aéreos e subterrâneos, e se integrar a um movimento político e ideológico de resgate da sabedoria dos povos originários. Veio valorizar nosso patrimônio vital e nos incentivar a protegê-lo, e ajudou a levar a mensagem para o mundo.

Principalmente, ofereceu uma prática que cada um pode fazer em sua própria casa, criando uma cultura baseada na harmonização dos cinco elementos e na paz. A cada dedicação, que nos convocava a repetir com ele, acentuava a necessidade de sair do campo da violência, em que inconscientemente estamos imersos.

Fomos abrindo a picada na mata. Íamos na frente, mas na essência éramos nós que seguíamos os seus passos para formar, com outros grupos, uma teia de proteção ambiental na região.

Houve momentos em que ele olhava nos meus olhos perguntando para onde estávamos indo. E eu, olhava nos olhos dele para saber a resposta.

Trazer a Amazônia para perto foi a estratégia que encontramos para fazer com que as pessoas se enamorassem daquelas águas e de seu povo. Foi uma aposta na preservação pela via do afeto, considerando que o conhecido nos comove, toca nossa sensibilidade com mais profundidade.

A Amazônia era para nós um caldeirão de experiências sensoriais onde havia vida! Muita vida! Quando mergulhávamos nas águas dos rios nos dávamos conta dos nossos equívocos culturais.

> A Paz Interna é a base mais sólida para a Paz Mundial", paz com tudo, tudo com paz.

PARTE III - Um Desejo Compartilhado

Gabriela Brioschi, Lama Gangchen e Débora Tabacof, em Santarém, ouvindo pela primeira vez a prática *Fazendo as Pazes com a Amazônia* e celebrando a criação da aachaa.

Foto: Marcelo Delduque

PARTE III - Um Desejo Compartilhado

PARTE III - Um Desejo Compartilhado

O Banquete

Três barcos carregados com frutos tropicais, redes coloridas e um *gompa* – sala de meditação – nos aguardavam em Santarém, em frente ao Encontro das Águas, fenômeno natural dos rios Amazonas e Tapajós, que se encontram e fluem lado a lado por alguns quilômetros sem que suas águas de cores e texturas diferentes se misturem. Eu trazia a imagem do Encontro das Águas, como reminiscência da minha primeira viagem à Amazônia, em 1982.

Partimos animados para visitar comunidades ribeirinhas, aportar em praias de areias alvíssimas, tomar banho de rio e fazer a Piracaia – peixe assado –, o churrasco de pirarucu e tambaqui, peixes típicos da região. O que poderia parecer um mero passeio era, na verdade, uma imersão dentro de todos nós, muito maior do que poderíamos supor. As dimensões são tão gigantescas que não cabem dentro de você. Tudo se expande para muito além dos muros, paredes e prédios de uma grande metrópole.

A música a bordo provocava o molejo dos corpos de paulistas, italianas, alemãs, e até mesmo de uma tunisiana. Era um prazer bem-vindo. É da cultura local, a presença de muita música e dança em cada canto das comunidades. E era da natureza dos encontros, da nossa Sangha, a música, a alegria e a fruição que a percepção aguçada pelas práticas de arte-curativas traziam à tona.

Deixamos Santarém e atravessamos o largo rio Tapajós. O barco deu uma volta pelas águas barrentas do rio Amazonas, e deixou um rastro brilhante na popa, onde preparavam um banquete com tambaqui, tucupi, açaí, tapioca e cupuaçu na minúscula cozinha.

Fartura, energia, cores vivas e a luz refletindo sobre a água tornavam o rio um espelho límpido com a possibilidade de fazermos contato com algo novo dentro de nós mesmos.

Atracamos em uma comunidade desconhecida. Chegar em Vila Gorete foi um choque. Era noite. A liderança comunitária nos aguardava, mas o clima era de desolação total. Muitos bebiam. O ruído do gerador contrastava com a fraca luminosidade. Da lona azul do circo não emanava alegria alguma e mergulhei no breu da alma.

Desci do barco de mãos dadas com Lama Gangchen e fomos nos sentar em uma mesa de onde eu via um mundo escuro. Meu olhar revelava insegurança sobre o que deveríamos fazer. Ele me devolveu um olhar cheio de compaixão. Nos abraçamos, chorei. **Senti tanta vergonha... a decepção de chegar ali após um esforço perseverante, travessias por terra, água e ar, e ninguém para receber o que tínhamos para dar ou para trocar. Ele tinha depositado tanta confiança em nós...**

Reconhecia os obstáculos que surgiam inexoravelmente. Mais uma vez percebi que a espiritualidade não era uma garantia de ausência de confrontos e problemas. Mesmo

PARTE III - Um Desejo Compartilhado

Lama Gangchen me puxando para cima, me sentia em meio a uma tormenta de emoções.

Chegamos como forasteiros em uma comunidade diferente das que eu havia conhecido quando era a palhaça Abobrinha. Aquilo era passado. Sabíamos que a floresta era fechada ao estrangeiro e seria necessário um suporte local para que a comunidade se abrisse para nós. Era legítimo que os habitantes locais fossem refratários ao desconhecido, devido à memória do impacto colonizador na história da região.

Voltamos ao barco para dormir em redes, exceto Lama Gangchen, que possuía uma cabine reservada. Era nossa primeira noite a bordo.

Entrar em uma embarcação típica da região exigia muita disposição de nossa parte: passar por pinguelas e molhar os pés na água rasa; adaptar-se às condições dentro de um ambiente sem privacidade e conforto; pular no escuro por cima das mochilas espalhadas pelo chão e dar um jeito de trocar de roupa na frente de todo mundo.

Enquanto atracados no cais, não era permitido dar a descarga para não poluir a água ao redor. A opção era utilizarmos os sanitários da comunidade ou, ao amanhecer, darmos uma longa volta com o barco, para reciclar a água dos banheiros. A convivência era uma dificuldade e um exercício diário de tolerância entre as pessoas. Estávamos todos, literalmente, no mesmo barco, mas a responsabilidade da *aachaa*, frente aos impactos das intempéries e da realidade de uma viagem repleta de imprevistos, era imensa.

O breu da noite se impôs. Geradores foram desligados. Na estreitíssima faixa de areia branca, tínhamos à nossa frente um rio infinito, e às nossas costas a floresta de dimensões continentais. Adormecemos impactados pelo mistério da noite tão alta e estrelada sobre nós.

Uma vez mais, quando a coisa começava a dar errado, a roda girava na direção da positividade. Da escuridão vinha a motivação e o esforço de gerar benefício. Era urgente transformar problemas em soluções, procurar uma terceira via fora da polaridade do conflito e encontrar um lugar onde não seríamos os estrangeiros usurpadores nem os amazônidas usurpados.

Sentia um frio na espinha, característico das aventuras que valem a pena, aquelas em que há o desejo que gera movimento emocional, angústia, como a reação de uma atriz antes de entrar em cena.

Desisti da rede e fui dormir sobre uma esteira, no teto do barco. A cúspide do céu na Amazônia parece mais alta, um cosmos salpicado de estrelas. Uma presença que fazia cada músculo, cada célula pulsar. Antes de o sol nascer, me levantei, tomei café com bolinhas de tapioca e comecei a movimentar a equipe e os comunitários para organizar os figurinos e "iluminar o templo".

Já havíamos aprendido que a essência do *NgalSo* não residia em um mundo sem problemas e, sim, em um método para enfrentá-los. Assim, enquanto um grupo seguia em meditação, sem nem suspeitar dos problemas, nossa equipe tentava se reorganizar.

Aí descobrimos o motivo da desolação. Na tentativa de explicar aos comunitários o que era um Lama, nossa equipe de pré-produção havia exibido, antes da chegada do grupo, o filme O *pequeno Buda*, de Bernardo Bertolucci, que narra a história de um Tulku, nascido na América do Norte e que é levado para o Tibete após ser reconhecido como Lama. O tiro saiu pela culatra. Os comunitários não sabiam muito bem quem éramos e, temendo por seus filhos, foram para o "sítio", o interior da mata, onde ficam os roçados. Rolou um burburinho de que tinham medo de que lhes roubassem as criancinhas.

Anunciamos o circo e a ilustre presença de Lama Gangchen na comunidade, e prometemos uma noitada com muita arte local, sem risco de sequestro das crianças. Fiz o papel da palhaça Abobrinha e os comunitários começaram a se aproximar.

As artes curativas se revelaram realmente eficazes. A ideia de espetáculos e intercâmbio cultural fez a comunicação circular e o medo se dissolveu.

Respeitável público! O show não pode parar!

Chegou a noite. Durante o espetáculo, os ribeirinhos, cheios de entusiasmo, começaram a mostrar seus segredos, suas danças e canções. Os figurinos eram feitos de palha. Os comunitários encenavam o mito do Boto, da Iara e a presença das forças da água, nas diferentes estações do ano. Participavam com muito bom humor da vida comunitária. Entendi que o bom humor fala de um entendimento sutil, indicador de saúde mental.

" Os nossos amigos, que nem sabiam o que era Budismo, estavam vendo pela primeira vez seres diferentes com roupas coloridas, interessantes, exóticas, ao mesmo tempo, com uma simplicidade, uma suavidade no falar, no conduzir, no olhar curioso, um olhar de sabedoria de que está tudo bem e foi só aprendizado. A gente tinha uma lona de circo pequena, que foi armada na praça da comunidade. Era o local para virem conhecer essa sabedoria nova, e nós conhecê-los de uma maneira mais próxima através do circo educativo, do circo social, do circo de interação, da troca de sabedorias. Aquele momento de realizar os projetos *Fazendo As Pazes com o Meio Ambiente* e *Fazendo As Pazes com a Amazônia* teve uma repercussão muito grande. Consegui conversar com Lama Gangchen, com uma intérprete e ele me falou que existem três pontos de energia no planeta: o Himalaia, a Amazônia e os Andes. E aí, com os ensinamentos de sua primeira viagem, pra mim e para os meus amigos que faziam brincadeiras com os mantras, com os mudras, sem saber muito bem o que significavam, a energia foi se transformando em conhecimento. As comunidades, que viram pela primeira vez o Lama ficaram curiosas não só com a cumplicidade, mas com a informação clara e precisa da cura mental coletiva e da cura pessoal. A troca da sabedoria, tanto da meditação como das artes, das possibilidades de curas medicinais. A troca de informação de sabedoria da floresta com o mundo e do mundo com a floresta. Acho que ele deixou um caminho. Tenho certeza de que o Budismo na minha vida está fazendo a transformação necessária que preciso. É muito difícil você botar em prática todos os ensinamentos, é muita informação, é muita transformação na tua vida, tem que modificar o modo de pensar, o modo de viver, de comer, o modo de agir. Com respeito, pedir o perdão ou aceitar o perdão. Essas proezas da vida nos colocam a pensar que existe a transformação. [Depoimento do Palhaço Pimentinha – Luís Evandro Barbosa, em julho de 2021].

Sob a linda lona iluminada, Dinael dos Anjos, líder cultural, participou das danças que desenrolavam a dramaturgia das humilhações sofridas pelos povos nativos, com a encenação da revolta da Cabanagem, ocorrida na antiga Província do Grão Pará, entre os anos de 1835 e 1840, pela independência da região. Enquanto ele dançava com um papagaio no ombro, as cunhatãs, verdadeiras Taras da cosmogonia tibetana, de saias trançadas com palha de tucumã e sutiãs de cabaças pintadas com jenipapo, batiam o pé no chão de terra.

Crianças e visitantes cantavam e dançavam, fazendo circular a energia criativa de cada um e do grupo, tornando o encontro uma experiência de cura e liberação. Aquilo me lembrou uma gaúcha de pele muito branca que anos antes tinha desembarcado com o Circo Mocorongo, em Tauari.

Seus olhos azuis despertaram imensa curiosidade entre as crianças.

— Você vê tudo na cor azul?

Ao criarmos um laço com o outro, transpúnhamos o muro e estabelecíamos uma ponte com a alteridade.

Estandarte do Sairé. Festa folclórica que mistura o sagrado e o profano, em Alter do Chão,

PARTE III - Um Desejo Compartilhado

PARTE III - Um Desejo Compartilhado

Urucureá no Arapiuns

Foi no circo que recebemos a iniciação da *Prática Fazendo As Pazes com a Amazônia*, todos juntos, realizamos pela primeira vez, a meditação no interior da floresta.

No final da noite, Lama Gangchen Rinpoche entregou na mão de cada participante o certificado do que ele nomeou de *I Congresso Internacional de Cura do Meio Ambiente*, na Amazônia.

A ponte de arco-íris estava estabelecida!

Ao amanhecer, deixamos Vila Gorete e o céu armou uma tempestade. O mestre abriu seus mantras enrolados em seda cor de açafrão e carmim, e começou a recitá-los. Nelson e eu íamos na proa, sentindo o vento forte nos arrebatar. À medida que o barco deslizava sobre as águas, a tempestade vinha ao nosso encalço, nos perseguindo. O sonho sonhado junto não havia sido em vão. **O sonho que se sonha junto é real.**

Ao deixarmos Vila Gorete a caminho de Alter do Chão, visitamos a comunidade de Urucureá para prestigiar o trabalho de artesanato que ajuda a manter a tradição da floresta viva. A família da minha comadre Zulmira Tapajós nos aguardava logo depois da curva do rio, onde as areias brancas desenhavam uma praia perfeita para atracar. Zulmira e sua sobrinha Zulair, minha afilhada, eram lideranças comunitárias naquela região do Arapiuns, uma baía que acolhe os navegantes. Um território com memória viva, onde outrora se cultivava o leite branco que escorria das seringueiras cortadas na faca, agora abandonadas ao longo da estrada após o fim do ciclo da borracha.

> " Quando a equipe chegava em nossa comunidade de Urucureá era tudo alegria nas noites culturais com dança, música e a palhaça Abobrinha. Fui para Santarém estudar e de repente tive a notícia da chegada do Lama na comunidade. A Abobrinha já tinha ido embora e quando eu já estava trabalhando na escola, chegou novamente ela com a *aachaa*. O trabalho da Márcia com as mulheres de Urucureá foi uma iniciativa muito legal. Hoje posso dizer que o grupo de artesãos daqui fabrica um belíssimo trabalho com trançado de palha de tucumã, uma tradição bem antiga que vai passando de pai para filho. São peças muito elaboradas. Através dessa arte, a maior parte das pessoas tem o artesanato como fonte de renda. A comunidade de Urucureá tornou-se um ponto turístico que recebe muitos visitantes". [Depoimento de Gorete Zulair de Souza, setembro de 2021].

PARTE III - Um Desejo Compartilhado

Há indícios de que uma civilização matriarcal tapajoara habitou a região e que as famosas guerreiras amazonas eram exímias atiradoras. De cima dos penhascos defendiam o território que se erguia sobre o rio.

Quando entramos novamente no rio Tapajós, me conectei com a lenda das Amazonas e das mulheres que atuavam como lideranças na proteção da região. Era como se eu estivesse submergindo no universo mágico dos encantados e de seres mitológicos, sorvendo seu leite. Guardo como a pérola mais preciosa em minha caixinha de joias a imagem de Lama Caroline remando uma canoa em direção à Ilha do Amor, em Alter do Chão, sorrindo, depois rindo, e em seguida, gargalhando, de um jeito absolutamente novo para mim.

Tive a impressão de vê-la assumir toda sua estatura, consciência e dignidade em um estado pleno de leveza e autoaceitação. Ao longo dos anos ela voltou conosco muitas vezes à Amazônia e firmou-se, junto a Lama Michel, como um dos dois pilares fundamentais do trabalho de Lama Gangchen no mundo. É ela que canaliza os livros do Rinpoche, unindo métodos ancestrais e modernos, pesquisando na internet e recebendo conhecimento direto da fonte, traduzindo seus ensinamentos de vidas anteriores para o presente.

Em Alter do Chão minha admiração por aquela garota inglesa encarnando um ser de sabedoria e sendo reconhecida como uma Lama empoderada se confirmou. Eu a vi iridescente.

Ela dizia que a Mongólia e a Amazônia eram os lugares mais maravilhosos que havia conhecido em suas viagens pelo mundo.

Viajando com Lama Gangchen, na Amazônia, observamos o tempo todo a manifestação das forças da natureza e os seus movimentos. Consideramos os sinais. Ao seu lado, sentia a curiosidade pelo mundo como em um livro aberto, codificável. Sua presença trazia um sentimento maravilhoso de segurança. Ele nos fazia prestar atenção a tudo ao redor e aprender a ler a natureza tal qual os indígenas e ribeirinhos, que enxergam detalhes invisíveis para nós da cidade.

PARTE III - Um Desejo Compartilhado

Foto: Marcelo Delduque

PARTE III - Um Desejo Compartilhado

PARTE III - Um Desejo Compartilhado

Êxtase

O Puja de Fogo, em Alter do Chão, no Pará, foi o ponto alto do encontro das culturas. Um verdadeiro altar da terra. Para nos surpreender, a comunidade construiu um grande palco flutuante, sobre o qual Vicente Kutka e os artesãos locais criaram, juntos, uma decoração com guirlandas de flores e um cenário em sua máxima expressão de cheiros, cores, luz e beleza.

Antes da chegada do grupo, já havíamos conversado com Laudeco, o presidente da comunidade de Alter do Chão, com o músico Chico Malta e a banda de carimbó para chamá-los para apresentar as danças do Sairé fora de época.

Aos poucos, ribeirinhos, turistas e o grupo da *aachaa* começaram a se preparar para esperar a grande noite de música e dança. A notícia se espalhou.

Foi no grande palco, na hora do pôr do sol, que o Lama conduziu a prática *Fazendo as Pazes com a Amazônia*. As autoridades locais estavam presentes com os estandartes do Sairé. Os mantras ecoaram pela praia com força. O palco repleto de crianças maquiadas e vestidas como as divindades do rio Tapajós.

PARTE III - Um Desejo Compartilhado

O Lama começou o ritual, evocando cada um dos cinco elementos, e, o poder numinoso do fogo, da água, da terra, do ar e do espaço resplandeceu.

Toda nossa motivação dedicada às vidas da floresta.

> "Estamos num veículo para superar o medo e transformar nosso ambiente em uma terra sagrada através da cura dos pensamentos doentios e suas consequências e pelo poder da Interdependência, interromper a destruição do elemento espaço e de seus conteúdos, para curar e transformar nosso ambiente", sustentou Lama Gangchen com sua presença.

PARTE III - Um Desejo Compartilhado

A praia foi enchendo de gente e em seguida, deu-se a celebração na dança de roda, no carimbó e nas danças de casais. A sensualidade latente explodiu, e mergulhamos em um portal de felicidade.

Um êxtase coletivo vindo da integração com a terra, com a água, com o ar e com o espaço. E então, em um outro tablado construído sobre a superfície do rio, uma fogueira foi acesa para dar início ao ritual do Puja de Fogo.

Nesse ponto, onde o rio era raso, alguns de nós empurramos uma canoa onde o Lama estava em pé e Débora Laruccia, sentada, carregava sobre o colo, a bandeja com as sementes pretas de gergelim que formavam a imagem de um escorpião, a representação do que queremos transformar.

Mais de quatrocentas pessoas se amontoavam na praia. Durante o ritual, Lama Gangchen orientou a formação de uma roda com o público, cujo eixo central era o fogo. Girando ao redor da fogueira, ele conduziu o ritual de Vajradaka, divindade azul, que se alimenta das negatividades.

O ritual tântrico de Vajradaka evoca o Dhyani Buda do chacra do coração - Akshobia - em sua manifestação irada, que transforma a raiva em estabilidade. No Tantra nada é desperdiçado. Vajradaka, que é também a manifestação de um Buda, por compaixão aos seres, consegue retirar até da raiva o seu alimento, transformando-o.

O Lama em pé no barquinho, conversando com as chamas do fogo, que de tão intensas, chegavam a nos queimar, atirava as sementes de gergelim pretas à bocarra da divindade. Quando lançadas ao fogo, as sementes estalavam no ar.

A fogueira iluminava um ponto incandescente em um mar de escuridão.

> "A água, as pessoas na praia, a floresta, o espaço estrelado e o maior sentimento de amor por tudo, nos deu a dimensão da potência da criação de um espaço infinito dentro de cada um de nós. Saindo de nossos corpos para visualizar a cena de cima, conseguimos ver que ali estava acontecendo um mandala vivo com a presença dos cinco elementos e das cinco grandes mães. A vista aérea daquele momento mostra o maravilhamento de todos ali". [Depoimento de Nelson da Silveira, em agosto de 2021].

PARTE III - Um Desejo Compartilhado

O fogo que queimou no Tapajós na noite de 23 de julho de 1996, inaugurou um novo momento na minha vida. Sigo elaborando essa imagem ao longo dos anos. Em uma noite sonhei com o crânio de Lama Gangchen de costas, olhando para as chamas da fogueira de Alter do Chão. Enxerguei uma maneira de realizar uma massagem para equilibrar os dois hemisférios cerebrais, manejo terapêutico que passei a utilizar.

Meu retorno à Amazônia iluminou uma identidade secreta que eu trazia desde a infância, quando tinha o apelido de "caboclinha", uma criancinha que vivia em uma sociedade, que girava em torno do tempo da natureza, dos ciclos das águas, do sol e da lua. Algo que eu tinha vivenciado na *Festa da Moça Nova* na primeira viagem ao Alto Solimões, em 1982, ao redor de uma pequena fogueira acesa pelo pajé e que depois reencontrei nas divindades femininas do panteão tântrico.

Estar de volta àquela floresta nos barcos da *aachaa*, e na presença de Lama Gangchen e de Lama Caroline, revelou o que significavam os aspectos mágicos que o Dharma somou à ideia de "amazonizar" o mundo.

> A gente já estava trabalhando há muitos anos na Amazônia e já tinha ouvido falar de Budismo, mas não sabia o que era e quando falaram vem um Lama Tibetano e uns budistas... A surpresa foi linda. Quando conheci o Lama senti logo a força, a luz, aquela energia da bondade, aqueles mantras reverberando generosidade, perdão, coisas muito bonitas, muito sensíveis e muito amplas, uma sabedoria incrível. Me identifiquei na hora

e acabei me tornando budista. Sou um pan-religioso, mas o Budismo é filosofia, é a sabedoria com a qual mais me identifico. De lá pra cá, recebemos várias vezes o Lama, fiz atendimentos médicos com ele, coisas que eu não sabia resolver ele resolveu na hora, com rezas e com os remédios tibetanos, porque ele é um médico também e se tornou um dos grandes mestres da medicina. Nós estudamos seis anos, mais dois de especialização na medicina tradicional, mas o Lama tinha um nível de medicina e um nível de sabedoria muito mais profundo. Passei a respeitar não só a sabedoria, como também sua própria medicina. O Budismo fala o que os grandes pajés da Amazônia, grandes líderes e grandes mestres falam. Estão falando sobre a mesma coisa. Precisamos evoluir e sermos mais sábios enquanto humanidade para compreender e quem sabe garantir um futuro mais harmônico, mais pacífico e mais generoso para todos. Só tenho a agradecer ao Lama e aos budistas que todos os dias estão lá colocando o nome Amazônia nas suas rezas, pedindo uma Amazônia pacífica, harmônica, saudável. O Lama já sabia, veio aqui para rezar e ajudar. Muito obrigado, Lama, pela Amazônia, por mim, pela minha família, por todos que pude ter o prazer de conhecer, compartilhar, interagir e fazer parte da sua reza na interdependência dos fenômenos". [Depoimento do Dr. Eugênio Scannavino Neto em julho de 2021].

Antes do retorno a São Paulo, toda a equipe esteve em Manaus, onde Lama Gangchen inaugurou um centro de Dharma, coordenado por Cleomar Bezerra, que seguiu divulgando a linhagem *NgalSo* na floresta. Ofereceu meditações para crianças de uma escola em um parque, e deu entrevistas para a imprensa local sempre enfatizando os valores da não violência e ensinando como implementar uma cultura de paz.

Lama Gangchen esteve na Amazônia em 1996, 1998 e na passagem de 1999/2000. Também seguiram-se mais cinco viagens para a floresta amazônica capitaneadas por Lama Caroline, e para nossa alegria, tivemos a oportunidade de levar Lama Michel para conhecer e interagir na região. Nesses anos, expandimos os territórios visitados, incluindo o rio Maró e fizemos novos amigos com quem passamos a nos relacionar.

PARTE III - Um Desejo Compartilhado

Foto: Marcelo Delduque

Cerimônia do Puja de Fogo em que Lama Gangchen executa a oferenda das sementes de gergelim preto em forma de escorpião para transformar as causas e condições negativas em positivas, pela preservação da floresta e cura do meio ambiente

Foto: Andre Canada

Lama Gangchen prepara o escorpião feito com sementes de gergelin, para ser utilizado no ritual de Vajradaka

PARTE III - Um Desejo Compartilhado

Palco flutuante sobre o rio Tapajós

A manifestação da alegria das crianças da Amazônia e do Lama Tibetano

PARTE III - Um Desejo Compartilhado

PARTE III - Um Desejo Compartilhado

Irradiando Paz Saúde e Alegria

Um dia, quando o barco estava encostado no píer de Alter do Chão, antes de partir para as comunidades, um desconhecido que se apresentou como Jackson, se aproximou de mim e perguntou se era verdade que um Lama Lama Tibetano estava viajando conosco. Era um antropólogo que tinha noção do ineditismo histórico da chegada de representantes da tradição budista tibetana à floresta amazônica. Nós o convidamos para nos acompanhar a bordo e ele viajou conosco.

A ligação com o professor Jackson proporcionou o encontro com os indígenas Borari, Arapiuns, Munduruku e Tapajós, que anos depois, em 5 de junho de 2013, se hospedaram no Centro de Dharma da Paz, em São Paulo, para o evento do Dia Mundial do Meio Ambiente. Lama Michel esteve presente, conduzindo o encontro e fortalecendo os laços entre as lideranças amazônicas, a ong WWF, representada por Pedro Bara, o Instituto Socioambiental - ISA e o professor Célio Bermann, da Universidade de São Paulo.

" Entre os dias 04 e 08 de junho de 2013, foram a São Paulo, a convite da aachaa, jovens guerreiros do Tapajós. Estiveram presentes Dadá Borari, João Tapajós, Karo Munduruku, Dinael Arapiun, hoje líderes com sólida história de luta pela vida do

Tapajós. Participamos do debate: *Qual o Futuro do Rio Mais Belo Do Mundo*. Temíamos que o Tapajós estivesse com seus dias contados. Estivemos no Instituto de Engenharia e Energia, da USP, onde nos foi apresentado como os planos da matriz energética do país eram elaborados. Depois, ao comentar com os indígenas que o problema da construção de hidrelétricas no Tapajós não teria mais jeito, Dadá Borari respondeu: "fique tranquilo, professor, nós vamos falar com Deus Tupã". Então, fizemos um ritual dedicado à Mãe Terra, no sítio do Cogumelo, em Cotia, São Paulo. Após deixarmos os indígenas no aeroporto, Dadá afirmou que tinha falado com Tupã e feito o pedido pela não construção da hidrelétrica São Luís, e que este já estava agindo para não deixar destruírem o rio Tapajós {...}, solicitamos que os cientistas da USP ajudassem, desenvolvendo formas de produção de energia que não precisasse poluir o Tapajós. Naquela noite de lua cheia, no local onde foi a Ocara-açú, Oca sagrada dos Tapajós, morada de Monhanguaripe (primeiro pai), de Nurandaluguaburabara (grande senhor que governou de Parintins até o Xingu, a grande nação Tupaiú), de Moaçara e Poryra (mulheres com poder de oráculo e que em tudo eram consultadas), nos foi mostrado que o pedido feito no ritual em São Paulo, com a força ancestral da união entre religiões com a ciência seria atendido.". [Depoimento de Jackson Rego Matos, professor da UFOPA].

> O Tapajós faz parte da vida do povo Munduruku... Somos ligados a ele como família. O Tapajós vem sofrendo, mas seguimos na resistência e levamos isso para o mundo, e aqui no Brasil, estive em São Paulo, num evento sobre o meio ambiente, na

luta contra as hidrelétricas. Na oportunidade tive um encontro maravilhoso, e no encontro de culturas conheci o grande sábio Lama Michel, no Centro de Dharma. Trocamos ideias, energia positiva em relação à nossa vida, na ligação com a natureza. Foi maravilhoso, o encontro! Sou grato por essa oportunidade". [Depoimento de Karo Mucak Munduruku 2021].

Quando conhecemos o cacique Dadá, ele nos esclareceu que formar uma rede de apoio e de divulgação no Sudeste do Brasil seria uma contribuição enorme e uma forma sutil de proteger tanto a floresta quanto as suas vidas ameaçadas. Com essa amizade, a aachaa e seu grupo de viajantes contribuiu para a construção da Farmácia Viva, um projeto de fortalecimento da medicina fitoterápica, que coincide com a visão de Lama Gangchen, de que a floresta amazônica é a nossa reserva de medicamentos para as doenças que ainda chegarão. A rede que se criou entre essas lideranças indígenas amazônicas, alguns comunitários ribeirinhos como Pedrinho e Conceição de Jamaraquá, Terezinha de São Francisco e a família de Seu Salvador do Arapiuns são laços de amizade e colaboração entre diferentes tradições que se respeitam e colaboram mutuamente.

Foi Dadá, o jovem guerreiro Borari, que esclareceu, para mim, a relação dos indígenas contemporâneos com a tecnologia e a vida acadêmica atual, entre outros posicionamentos, que são frequentemente usados para destituí-los de seus direitos. Me explicou que os indígenas querem a terra que possuem por direito, como cidadãos brasileiros, sem deixar de lado seus valores e formas de viver. Acumular bens materiais não é parte de sua cultura nem a meta desejada, mas são cidadãos do século XXI com desejos, frustrações, vivem no *Samsara*, como chamamos no Budismo tudo que não é o nirvana, o mundo iluminado. A forma como vivem na natureza é diferente da da forma de vida urbana e o que possuem de conexão com a própria cultura também os singulariza.

Dadá foi claro ao colocar que vivem em abundância em seu próprio território e querem ser deixados em paz com seu modo de vida. Lutam por segurança, respeito, e pelos direitos civis de educação (em sua própria língua), de saúde (para compor e complementar suas práticas tradicionais) e autonomia de gestão. Poró, grande amigo, recentemente se formou em Direito na Universidade de Santarém. Sabemos que a legislação é protetiva, no entanto, a ilegalidade grassa. Que bom, um jovem indígena advogado, conhecendo e defendendo os direitos da comunidade indígena. Escutar quem vive na floresta o que tem a nos dizer é o futuro.

Ao indígena sempre foi imposto um ideal de um ser romântico congelado no passado. No entanto, eles e elas apresentam-se como seres contemporâneos.

Me alegro com a participação das mulheres indígenas da aldeia Munduruku no cenário da política e da cultura nacional. Maria Leusa Munduruku, Sawe! Acompanhei o crescente interesse da mídia com alívio e o compromisso com a sustentabilidade que só advirá da informação, do conhecimento, da familiaridade e amor ao rio.

A Amazônia ainda é desconhecida para a maioria dos brasileiros. Que os crimes ambientais sejam divulgados e os defensores da terra valorizados, funciona como uma forma de proteção, diminuição da impunidade à tortura e à ilegalidade, uma prática infelizmente comum na região.

Em 2021, os irmãos, Dadá e Poró Borari foram convidados a Roma, tratar de questões ligadas ao meio ambiente, junto ao Papa Francisco.

> Foi um momento de muita felicidade, muita vitória. O povo conseguiu entender o grito da Amazônia, conseguiu entender que é possível a gente fazer as nossas meditações e orações e ir colocando em prática. Eu e meu irmão ficamos muito felizes por sermos recebidos por pessoas importantes que nos disseram palavras de incentivo e ressaltaram que é possível fazer alguma coisa no Brasil, principalmente na terra indígena. Também conhecemos a história de um grande militante, que nos inspira muito, que é São Francisco de Assis. A Igreja Católica o trouxe como membro para que ela própria desse uma subida de crédito. Mas aqui a gente vê a situação diferente. Francisco de Assis não deixava de ser uma pessoa indígena. Estava sempre no mato, dormia nas cavernas, sempre estava em contato com a natureza. Conseguimos conhecer a caverna onde Francisco dormia, fazia suas meditações, onde passava a maior parte do tempo dele, em Assis, na Itália. Ele nasceu e se criou numa família rica e luxou demais, fez festas, fez de tudo. Após uma surra que o pai deu nele, tomou a decisão: esse mundo não é meu. Pegou tudo e doou para os pobres de uma comunidade carente. O meu mundo é o das cavernas, o do contato com a natureza, com os seres espirituais. Por essas razões, acabou se tornando um santo. A imagem dele chegou na terra indígena Maró, pela nossa

PARTE III - Um Desejo Compartilhado

bisavó, na aldeia. Quando fomos participar do filme *Laudato Si* (Louvado Seja), com o Papa Francisco, vimos que Francisco de Assis já escrevia alguma coisa sobre Laudato Si, sobre o que ele imaginava ser possível para o mundo, para as perseguições que viriam. Ele tinha a visão de futuro, de como seria o mundo se o povo não o preservasse. Isso só tem a fortalecer a luta indígena, na luta do povo de tentar mudar, tirar esse cisco do olho. Agora a gente está conhecendo a história real de Francisco de Assis. [Depoimento Dadá Borari, em setembro de 2021].

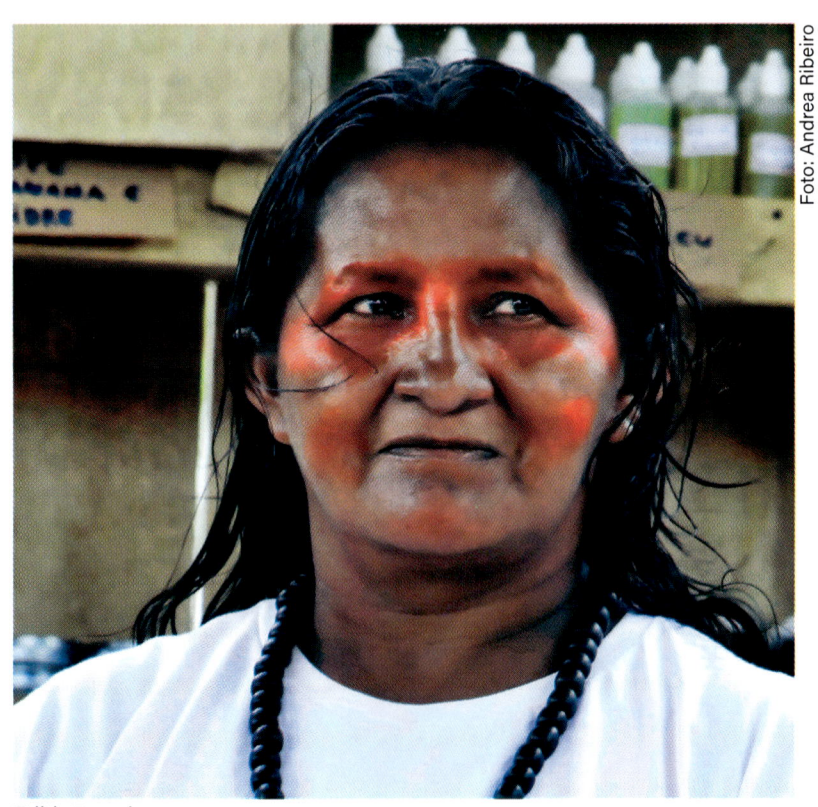

Foto: Andrea Ribeiro

Edith Borari

PARTE III - Um Desejo Compartilhado

> " Moro na aldeia Novo Lugar e meu povo é o Borari. Nosso trabalho é manter a floresta viva e em pé, porque é dela que eu tiro os meus remédios, dela saem os meus xaropes, defumação, minhas curas, meus banhos e as garrafadas com as quais cuidei de muita gente. Algumas, testei em mim mesma. As plantas da floresta combatem a doença, porque a doença é também muito forte. Eu tenho pronto lá em casa para dar pro pessoal. Na floresta existem todos os tipos de remédios que a gente pode fazer para crianças e adultos. Tem Copaíba, Andiroba, Mururé e Sucuba. É por isso que hoje exijo essa floresta em pé. Ela é a nossa farmácia viva". [Depoimento de Edith Alves de Souza, em agosto de 2021].

> " Nas muitas viagens à Amazônia aprendi, que para preservar a floresta, temos que também preservar as entidades que nela habitam. Sem Curupira, Encantados, Mãe do Rio, e a crença nelas, a floresta deixa de ser casa dos respeitáveis, e vira madeira a ser vendida". [Depoimento de Cesar Sartorelli, em 2021].

A aachaa e seus viajantes, o Projeto Saúde e Alegria, Centro de Dharma em seus diversos grupos de trabalho voluntário, parentes indígenas, comunitários ribeirinhos, mulheres e professoras dos clubes de mães e simpatizantes na comunidade internacional do Dharma, em sinergia com a pesquisa científica contemporânea, formaram a rede de conexões interdependente em prol das forças organizadoras, criativas e curativas para realizar a cura do meio ambiente.

Marina Silva é o exemplo de uma liderança de primeira grandeza.

Quando submergimos nas águas do Tapajós, percebemos que não estamos tratando de algo que concerne a um de nós. É sobre todos nós. É com essa consciência que emergimos da prática *Fazendo as Pazes com o Meio Ambiente*. Encaramos o trabalho de fazer as pazes com nossa essência, nossas qualidades e singularidades, nos educando para ouvir o outro, servir o outro, para que o todo, todos, o planeta, receba o benefício.

A história que estou contando aqui está em curso, viva.

PARTE III - Um Desejo Compartilhado

Chegada no Novo Lugar no rio Maró

PARTE III - Um Desejo Compartilhado

❝ A gente procura responder às incitações de ódio com trabalho. A gente entende de saúde e de alegria. Não de ódio. Não vamos cair nessa armadilha e fazer o jogo deles." [Caetano Scannavino em junho de 2022, na Conferência *Shrinking Spaces* - Estratégias para o fortalecimento da capacidade de Agentes Democráticos em contextos repressivos" 16-19 /Junho 2022, Cadenabbia, Itália].

PARTE III - Um Desejo Compartilhado

❝ Agora que estamos aqui na Amazônia, quase sem roupa, podemos aprender a usar os elementos como nossa roupa. Esta é a experiência que devemos levar conosco no dia a dia da cidade. Nossa mãe terra nos alimenta todos os dias, mas nós não nos damos conta disto." [Anotações de Bel Cesar, na Amazônia, em 2000].

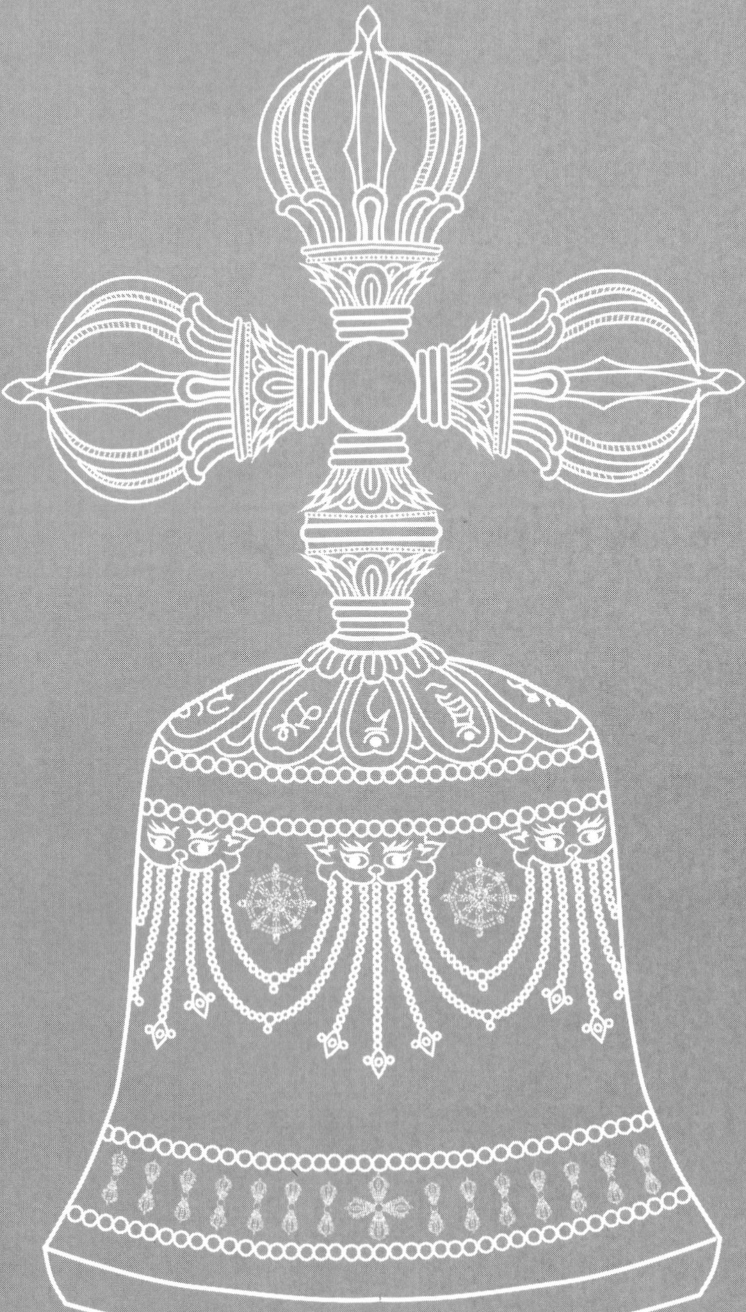

PARTE IV
Confluências

PARTE IV - Confluências

PARTE IV - Confluências

Himalaia Amazônia Andes

Lama Gangchen já havia falado sobre a possível origem comum entre andinos, tibetanos e indígenas brasileiros, parte de um único povo, que teria se separado por diferentes continentes. Esses três povos possuem a mesma maneira de ouvir a terra e de se relacionar com os elementos, considerando-os vivos. Um tesouro de conhecimentos bastante útil para os séculos vindouros, em que a questão ambiental viria a se tornar o centro dos acontecimentos sociais, políticos e econômicos.

Enquanto eu ouvia, recordava a similaridade entre os tipos físicos e as vestimentas de tibetanos e andinos. As *amalas*, mulheres que tinha visto no Tibete e as *cholas* ou *quéchuas*, mulheres indígenas dos Andes, usam as mesmas vestes multicoloridas e têm feições parecidas.

Para Lama Gangchen, esses povos seriam os detentores da sabedoria do relacionamento positivo com a natureza e a conexão com eles seria capaz de reverter o processo de destruição ambiental do planeta com o respeito à sacralidade da terra. Uma mudança nos valores.

O objetivo era tocar o saber ancestral pelos rituais de música e gerar a alegria. Tocar nossa vitalidade e expressão como potência que transcende os valores humanos degradados.

PARTE IV - Confluências

César Sartorelli nos trouxe o conhecimento de uma profecia citada no livro de Alexandra David-Neel:

"No futuro, dizia o 14º Dalai Lama, o eixo espiritual do mundo irá migrar do Hemisfério Norte para a América Latina".

Conta Maria Adela que há uma antiga profecia dos povos originários que diz: "Quando o condor e a águia voarem juntos, a Terra despertará", simbolizando a integração das Américas, onde o Sul ocupará seu lugar de relevância mundial.

PARTE IV - Confluências

PARTE IV - Confluências

Claudio Homburgo, Claudia Prushan, Lama Gangchen, Débora Tabacof, Vicente Kutka, Debora Laruccia, Daniel Calmanovicz e Vera Marcondes

Foto: Arquivo pessoal

PARTE IV - Confluências

Cordilheira dos Andes
1997

"Escutemos a voz dos peregrinos que se adiantaram a nós. Você sabe o que é o Polo Sul? É o sexo da Terra. Uma região tenebrosa por si mesma, porém de importância fundamental. O sexo é o maior mistério do universo. Transmutando a sua força se alcança o reino de Deus."

Muñoz Soler.

A Amazônia despertou a amazona guerreira em cada um de nós. A iniciação da divindade Tara, como grande mãe foi potencializada pela iniciação de Vajrayoguini, representada pela imagem da mulher sexualizada criadora, forma ainda mais elaborada de abordar e valorizar o feminino como atributo de sabedoria.

Lama Gangchen foi convidado para falar na sede da UNESCO, em Buenos Aires, sobre a proposta de instituir um fórum interreligioso, na ONU. Ele já havia sido recebido pelo Secretário Geral das Nações Unidas, Kofi Annan, a quem confidenciou que as religiões sempre causaram muitas guerras e chegara a hora de colocar a pauta da cultura de paz na mesa. Estávamos com o compromisso ambiental, espiritual e social de trabalhar por uma sociedade menos violenta, desigual e opressiva e com Debora Laruccia, acompanhei Lama Gangchen a Buenos Aires.

Foi em Buenos Aires, que o convidamos a ir conosco à Cordilheira dos Andes. Foi acertado que iríamos para a região de Mendoza na próxima vez que ele viesse à América do Sul.

Com Andrea Velloso fiz uma primeira viagem para criar a *Autocura Arte Andes – O Encontro das Artes Curativas com a Sabedoria Tibetana dos Cinco Elementos* – e programar as filmagens de *Tendrel*, filme que ela iria dirigir.

Foram dias intensos, em que tentamos seguir a nossa intuição para procurar boas locações para o altar dos rituais. Estávamos entre o sopé da montanha do Aconcágua e as ruínas de Puente del Inca, cujas águas sulfurosas eram usadas para cura há séculos. Para nos banharmos nas cavernas de águas muito quentes, fomos afundando até a cintura na neve. Do lado de fora, a neve congelante, no interior das termas, as águas quentes, onde entramos, apenas as duas, para nos banhar no interior da caverna. Naquele ambiente escuro e quente me senti no útero da terra.

> A viagem dos Andes foi uma viagem iniciática. Aconteceu de maneira inesperada, portanto mais aberta e muito criativa. A *aachaa* e o Rinpoche me propuseram fazer o registro da viagem, mas eu tinha medo e não me sentia capaz de registrar um grupo fazendo meditações. Então, propus um projeto chamado *Tendrel*, em que pudesse interagir com os cinco elementos de uma maneira performática e um pouco improvisada. A *aachaa*

PARTE IV - Confluências

foi fundamental porque me deu todo o suporte. Débora Tabacof me convidou para fazer a primeira viagem aos Andes, onde veríamos a situação, o contexto, os locais, o que seria necessário e foi um exercício lindo de criação, de parceria de sonho. Depois, realizar a viagem com o grupo e apostar que os imprevistos e as situações fossem dar mais do que certo. E assim a viagem realmente foi única não só para os viajantes convidados como para toda a equipe que estava produzindo. O filme foi feito com materiais doados - filmes e películas de texturas diferentes. E a bateria acabava muito rápido, mas surpreendentemente e magicamente, se recarregava nas mãos do Rinpoche. Agradeço muito à equipe da *aachaa* e toda a aventura que vivemos de forma tão profunda. [Depoimento de Andrea Velloso, em outubro de 2021].

As viagens sempre me conduziram a uma experiência de transcendência e individuação. Aquelas ruínas eram um lugar com a memória da civilização Inca. Ali, sentia-se a diferença entre nosso tempo humano impermanente e a natureza. A natureza permanecia, enquanto nós passávamos. Aprendi com Maria Adela a recostar a coluna vertebral na encosta da montanha, relaxando em sua estabilidade e poder.

Em um dia de outubro de 1997, Lama Gangchen, Lama Michel e muitos amigos queridos da nossa Sangha, voaram para Mendoza e subiram a pré-cordilheira, pelas estradinhas que serpenteiam as montanhas de terras coloridas, até Los Penitentes, *en un rincón del mundo*, no sopé do Aconcágua, onde se realizou nosso encontro. Andrea e eu havíamos convidado artistas e alguns budistas da comunidade de Mendoza para subirem conosco a alta montanha e participarem dos rituais.

PARTE IV - Confluências

Nos primeiros minutos do retiro dos cinco elementos lá estava Lama Gangchen, com uma pá na mão, abrindo caminho na neve e mostrando muito bem quem ali entendia de montanha, de neve e de abrir caminho. Depois de olhar a paisagem, ele comentou com Lama Michel: "a pré-cordilheira parece muito com o Tibete!".

Foto: Marco Labriola

PARTE IV - Confluências

Uma parte do grupo da *aachaa* havia chegado antes. O nosso destino tinha um *topos* diferente do que havíamos experimentado na Amazônia, porém com um ponto em comum: estávamos rodeados de águas. Se na Amazônia estávamos sobre o aquífero de Alter do Chão, no Aconcágua, estávamos recebendo as águas das geleiras do Chile. Era por meio das águas que pretendíamos reverberar os mantras de purificação dos elementos.

Em um de nossos passeios a um vale visitamos um gêiser onde a água brotava da terra com tanta força que formava um arco, como se fosse a água esguichando de uma mangueira.

A equipe da *aachaa* que chegara dias antes estava ansiosa para contar ao Lama sobre o terremoto. De repente, na noite anterior, lustres do Hotel Ayelen começaram a balançar enquanto a terra rugia e formava uma onda do metatarso ao calcanhar. Em segundos, por puro instinto de sobrevivência, uma inteligência corporal nos tomou e rapidamente estávamos todos ao ar livre, bem longe das construções humanas. Foi nossa reação diante da *fuerza de la naturaleza*.

Depois do terremoto tive uma crise de ansiedade. Entrei em pânico. Não consegui dormir. De quem tinha sido a ideia louca de levar aquelas pessoas a um lugar tão ermo? Um lugar que só eu conhecia?

Embora eu tivesse grande intimidade com a base do Aconcágua, desde os tempos do *Rio Abierto*, fiquei muito assustada, com medo de que desse tudo errado, sobretudo porque éramos estrangeiros, aquele não era o nosso ambiente.

Diferentemente da estrutura que tivemos na Amazônia, eu sabia que daquela vez não poderíamos contar com nenhum tipo de ajuda. Havia um espírito muito aventureiro na viagem. Uma dimensão heroica do grupo.

E o inesperado se fez presente. O terremoto, *el Tremblor* antes da chegada do Lama, a passagem *del Viento Sonda*, que dizem que pode cegar os desavisados e uma nevasca em pleno verão. Na tradição andina originária, o *tremblor* ou *el Viento Sonda* são comunicações da terra e do ar conosco, que nos fazem acordar.

> Estávamos reunidos para um retiro de quase uma semana em uma estância. Era verão, aos pés do Aconcágua, e realizava-se o filme de Andréa Velloso. Os pujas comandados por Lama Gangchen eram momentos bonitos do filme. Resolvemos improvisar e fazer uma imagem com a palavra PAZ feita com nossos corpos. Vale dizer que PAZ é a primeira (e sempre será), a última e a mais importante de todas as lições do nosso Lama Gangchen e acho que do Budismo. Tudo está contido nisso. No Aconcágua tinha um monte de plaquinhas com os dizeres: por favor, cuidado com o barulho, risco de avalanche. Porque é uma montanha altíssima com neve e ainda mais no verão, período de degelo. Aí começou aquele bando de gente

deitando a esmo. O Lama ficou lá embaixo nos observando. Aquilo foi me deixando louca, porque não havia uma organização e comecei a berrar, porque estavam erradas! Antes tínhamos que escrever a palavra PAZ. Quando me vi aos berros, tentando comandar mais de trinta pessoas, ele me olhou lá de baixo e não falou nada. Não me reprimiu, mas me olhou do tipo... Dá pra você se enxergar, querida? Foi isso que li nos olhos dele. Pensei, tudo bem, ele vai me desculpar, é só um berrinho. Dessa cena, tenho tantas reflexões até hoje, porque é a paz de muitos, que pode ser interrompida com a atitude de uma única pessoa. Acima de tudo uma reflexão sobre o que é pequeno e o que é grande. Como o grande é feito de milhões de pequenos juntos. Foi muito significativo aquele momento. Quanto mais eu vivo, maior fica esse evento na minha cabeça. Em tempo: não ocorreu a avalanche, graças a Deus. A Buda". [Depoimento de Marisa Orth em julho de 2021].

PARTE IV - Confluências

Foto: Marcos Labriola

PARTE IV - Confluências

Quando Lama Gangchen terminou de abrir caminho com a pá, fomos atrás dele. Os pujas andinos foram dedicados à valorização e preservação dos povos originários e uma oportunidade de glorificar os cinco elementos e às nascentes de água pura.

O puja da grande mãe espaço...

...montanha acima, inclusive os dois cadeirantes do grupo, levando nas mãos espelhos de diferentes tamanhos, começou já na subida dos teleféricos. Imagens da paisagem de montanhas inteiras se refletiam nos espelhos que levávamos no colo. A composição dos reflexos nos espelhos somada a totalidade da paisagem criava outra realidade. Enquanto víamos a paisagem nos espelhos percebíamos na prática como nossa visão da realidade é feita de perspectivas, é uma montagem de reflexos sobre uma superfície, na qual somos os autores, não meros espectadores!

O espelho é o símbolo do elemento espaço porque ele pode refletir em si uma grande área sobre uma pequena superfície.

No topo da montanha, apresentamos a tradicional dança tibetana das Dakinis, coreografia das poderosas entidades femininas da tradição Tântrica e então vislumbramos sobre nossas cabeças os condores. Esses pássaros, raros de serem avistados, são considerados símbolos de poder e saúde. Minha mãe, Sulamita, interpretou a presença dos casais de condores como sinal da eternidade do amor. Uma densa nuvem branca se aproximou das nossas cabeças no alto da montanha. Vimos um grande halo de arco-íris em volta da nuvem, ao que Lama Gangchen exclamou: "*Umbrela!*", o guarda-chuva símbolo do Refúgio, significante da companhia espiritual, do acolhimento e proteção na Rede Interdependente.

Que grande Dança de Projeções multicoloridas forma a realidade!

PARTE IV - Confluências

> Medito:
> O elemento espaço torna-se essencial para a paz, pois em sua neutralidade, acolhedora e luminosa permite ao fogo arder, a água bater, o vento soprar, a terra tremer sem se abalar. Recostada na Cordilheira dos Andes, vejo o tempo passar aos meus olhos, desde o seu início até o final. Uso o elemento espaço para retirar-me dos fenômenos que sucedem com qualidades quentes, ferventes, explosivas; mansas, intensas ou paralisadas, densas, suaves ou mórbidas, que o espaço como elemento individuado permite operar. Reconheço minha responsabilidade na criação das projeções mentais na tela do espaço.

> " Nossa ignorância, falta de inteligência e mente fechada são transformadas na clareza da sabedoria-tipo-espelho por meio da qual temos a experiência do espaço vazio como sendo a natureza fundamental da nossa mente, que então permanece em paz independentemente do que nela se reflete".
> [Lama Gangchen].

O puja da terra

Oferenda à Grande Mãe Terra para nos conectarmos com a força de *Pachamama* foi concebido com toda delicadeza por Patricia Concha.

Aconteceu em uma tarde ensolarada atrás da igrejinha de Puente del Inca. Pequenas mandalas construídas por cada um, em silêncio, com nozes, amêndoas e frutos da terra andina.

Ver a terra como preciosa e adorável nos faz desenvolver um sentimento especial de amor por nós mesmos e pelos outros.

O puja do ar

Em um dia de sol e céu azul. Cada um pintou uma grande bandeira em aquarela com os símbolos dos compromissos que assumia com a paz. Fizemos uma caminhada conectados com a nossa respiração, na qual colocamos a intenção de que o vento espalhasse a paz nas sete direções: em cima, embaixo, à direita, a esquerda, para frente, para trás e para dentro. O vento circulava entre nós e produzia o som do estalar dos tecidos. A meditação foi uma oportunidade para respirarmos de maneira curativa. Além das bandeiras, levamos um enorme buquê de balões coloridos que contrastavam com o azul do céu e a neve branca. Lama Gangchen havia pedido para soprarmos os balões com força, a fim de enchê-los com nossos problemas e emoções negativas, esvaziando neles nosso sofrimento, para depois soltá-los no céu. Alguns estouravam e o som da pequena explosão nos incentivava a desidentificação com o sofrimento. Dor e sofrimento podiam se separar, a dor sendo algo localizado e o sofrimento, instaurado na alma, algo que podíamos soltar. Essas experiências nos sugeriam que mantivéssemos nosso espaço mental mais amplo do que os problemas.

O puja da água

Dentro da caverna, embaixo das estalactites amarelas de súlfur, por onde passava o rio formado pelo degelo, criamos uma sinfonia de sons ao soprarmos garrafas de vidro e entoamos os mantras. Essa vibração percorreu longas distâncias levando a informação da grande mãe da água a outras nascentes, reverberando qualidades cristalinas a todas as águas que circulam pela terra. Emitimos sinais de paz e harmonia para criar mandalas que fluíssem interdependentes por todo o sistema circulatório criando ondas de paz.

O puja do fogo

Deflagrou a catarse, uma verdadeira sessão de terapia em grupo. Havíamos recebido a notícia da morte do nosso amigo Zé Guilherme, em um acidente de carro em São Paulo. Naquela mesma noite um acidente de carro aconteceu na estrada em frente ao nosso retiro e o trânsito foi interrompido. Lama Gangchen pediu que cada um desse plena expressão emocional ao que se passava em seu interior. Lama Michel pôde expressar suas emoções ao falar sobre a importância do encontro com Lama Gangchen, o seu mestre. Depois que a ambulância, os carros de polícia e as sirenes silenciaram, pudemos realizar ao ar livre o ritual do fogo. Edurlan Ganzauskas, desceu a montanha com archotes flamejantes para acender uma fogueira de lenha molhada que, ainda assim, incandesceu! Pudemos conectar ao medo uma luz em meio à escuridão.

A tradição andina é vasta. Nosso contato com a região de Puente Del Inca foi singelo, simbólico. Estávamos sobre um portento, um lugar revestido de poder, onde os fenômenos geográficos possuem nomes próprios, carinhosos. A terra é a *Pachamama*, mãe de todos. Cada pico de montanha é *Apu*, o pai. Nessa geografia lúdica, o bebê rio Amazonas nasceu nos Andes peruanos, foi inseminado por *Apu* nos seios de *Pachamama* e em seu caminho fertilizou a floresta verde para depois formar a maior bacia hidrográfica do mundo, no grande corpo da terra. Pelas águas conectamos a fonte e na fonte há água sempre nova, renovada.

PARTE IV - Confluências

Oferenda à Grande Mãe do Ar, no sopé do Monte Aconcágua

PARTE IV - Confluências

O sentimento ao finalizar a nossa viagem aos Andes, em 1997, está bem descrito por essa visão profética de um futuro humano e ambiental positivo, que está sendo gestado na América Latina:

> Na América nasce um novo tipo de humanidade capaz de gestar por dentro a revolução espiritual do futuro. Como se desenha a matriz desta Mãe simbólica que contém os germes dos filhos que ainda não nasceram? Qual é a ponte que pode unir os diferentes povos e culturas das três Américas? O encontro da Águia e do Condor não vem por caminhos conhecidos, senão por uma ressonância de alma. A união vem pela expansão da consciência comum, por sentir-se pertencente a uma comunidade. Trata-se de um vínculo vibracional, uma ressonância humana profunda que quebra todas as barreiras, inclusive a barreira entre as gerações. Este "sentir" profundo vem das águas e une os que estavam separados, e separa os que estavam unidos. O que aconteceu com as revoluções sociais, políticas e espirituais? Foi tudo uma fantasia, uma ilusão, um sonho? Não. Houve sim um ideal de liberação. A palavra de fogo do espírito se moveu sobre as águas da América profunda, porém ainda não pôde encarnar em um corpo social. Nas palavras de Octavio Paz, a poesia não se encarnou na história. [Tradução livre, da autora, para *Indícios da próxima revolução: os germes do futuro na América interior*, de Ramón Munhoz Soler].

PARTE IV - Confluências

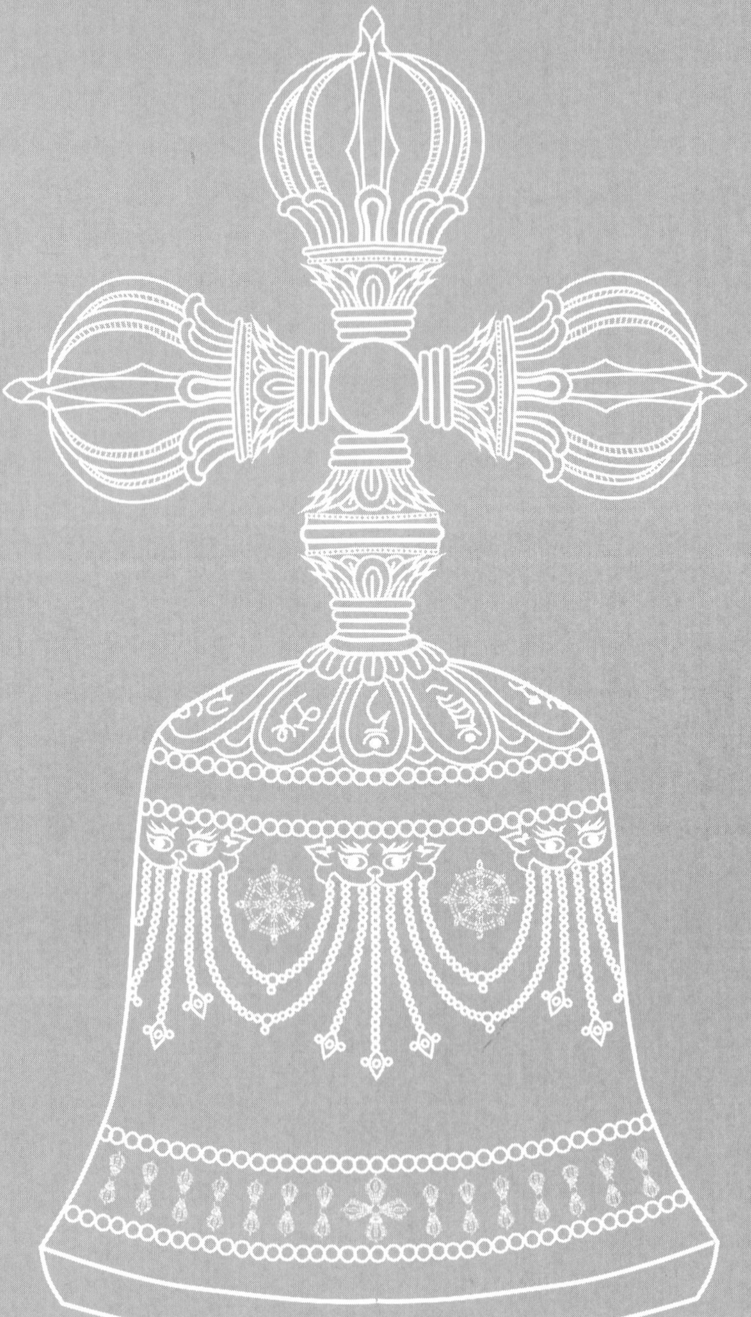

PARTE V
O Corpo de Arco-Íris

Parte V - O Corpo de Arco-Íris

A Dança do Corpo de Arco-Íris

Em abril de 2020, Lama Gangchen faleceu. Durante sua doença, minha mente se revolveu em uma labirintite, que cessou por si mesma no instante em que recebi de Lama Michel a notícia de sua passagem. Assim que me dei conta que ele prosseguia vivo em mim, uma *umbrella* (guarda-chuva), um arco-íris redondo ao redor do Sol fez-se presente como símbolo de uma forma mais intensa de me fazer enxergar o que é real, porém sutil.

O que existe, mas não tem corpo.

No entanto, é dentro de mim que agora preciso encontrar as respostas às perguntas que se mantêm abertas.

Em 15 de junho de 2021, meu pai se foi, e em novembro de 2021, a fundadora da *Escola de Desenvolvimento Humano, Rio Abierto*, minha primeira mestra, Maria Adela Palcos, também faleceu. Eles me acompanham por meio de seus ensinamentos sobre a *Dança do Corpo de Arco-Íris*, sobre o que permanece vivo quando a morte vem.

Sorte minha ter tido grandes mestres.

O tempo dos mestres acabou.

Agora é o tempo da tribo.

Como disse Lama Caroline, ao nos abraçarmos em São Paulo, em 2022, quando chegou para iniciarmos os novos projetos da aachaa:

- Quando um sol se apaga podemos enxergar as estrelas -

São Paulo, 10 de maio de 2023

Parte V - O Corpo de Arco-Íris

Carta ao Mestre

> Escrevendo nossa história descobri que sua maior qualidade foi a elevação da alegria ao estatuto de valor espiritual. Sua partida durante a pandemia me deixou órfã e, ao mesmo tempo, sustentou sua presença em mim de modo duradouro. Sinto que devia a honra de documentar nossa história e mantenho o respeito devido. Que sorte ter conhecido um verdadeiro mestre! Desejo irradiar o que ficou em mim com sua partida. Este livro, humilde, relata a transformação do saber budista que preciso compartilhar. E seguir agora sendo o espaço aberto que a N*galso* (a prática de *Autocura* que você criou), me abriu. Obrigada, Lama Gangchen, por me mostrar que a confiança é um estado no início e no fim do caminho, e obrigada pela rede de sustentação, que o espaço preenchido por luz, me deu.
>
> Caminhar na alegria é viver em paz com a morte sustentando a *continuidade*, que você ensinou ser o significado legítimo da palavra TANTRA.
>
> E assim está sendo viver sem você - giros, piruetas, cabriolés de puro movimento -, já que não conheço a estabilidade. Não se preocupe, você deixou sua linhagem organizada e sua herança está nos beneficiando.
>
> Cada vez que revejo você fazendo os mantras - movimentos e gestos utilizados nas práticas de meditação -, os mudras

- sons recitados ou cantados repetidamente nas práticas -, usando os "seis mantras e mudras para satisfazer os protetores ambientais da Amazônia", em Alter do Chão, enxergo como tornar o invisível, visível. Sua lição foi mostrar como a energia sutil se manifesta de forma material.

Por favor, que nossa ligação seja permanente em meio à impermanência, luminosa, mesmo que eu esteja na escuridão. E o interruptor, que liga nossa luz interna, fique sempre ao alcance da mão.

Com carinho,

Débora

P.S - Confiamos que sua tradição de renascer para trazer conhecimento vai seguir dando seus frutos e em breve o reencontraremos na forma de um bebê brincando ao redor da estupa de Borobodur em Minas Gerais, no Brasil.

Esse é meu pedido e meu grande desejo!

O Caminho da Alegria

A alegria da qual estou falando abarca a tristeza.

A abraça. Sente a dor no mundo. Não obstante, confia no futuro, objeto de cuidado no presente.

Uma alegria de alma, inclusiva, integradora, profunda, é o fruto da educação para a paz. Uma educação que coloca conceitos, como vimos até aqui, mas principalmente despe, desnuda, retira condicionamentos.

O treino de perceber a presença de cada elemento em nós, e o estado em que cada um dos elementos fogo, terra, água, ar e o espaço se encontram, nos oferece uma bússola, a mais, para a leitura do que é vivo e vital, sempre em movimento, para harmonizar as condições internas e externas, ou seja, o nosso ambiente. Considerar os cinco elementos direciona a mente para despoluir, esclarecer, limpar, e retornar à fonte.

Necessitamos ter um compromisso com os vetores evolutivos em benefício do futuro da Amazônia e fazer a PRÁTICA, como chamamos a forma de meditação Tântrica, para colocar a doutrina do Buda em nosso cotidiano.

O principal presente que ganhei em minhas aventuras foi um recurso para lidar com o medo. Com o medo do sofrimento. Sentir-me apoiada, acompanhada e habitando um espaço que dá suporte foi o começo. Reconhecer e diferenciar o medo imaginário do que é real, um outro recurso. Conseguir concentrar-me a ponto de perceber como os estímulos me tocam e me responsabilizar pelo seu significado, um desafio de consciência.

Lidar positivamente com o medo é fundamental para entrar em contato com o universo interno. É a porta que precisa ser aberta e o percurso que fiz foi a chave.

Estou transformada pelo passar do tempo que colocou novas camadas de indagações e indignações sobre a realidade. Encontro suporte nos ensinamentos budistas, que a cada vez revelam uma nova camada de informação.

A meditação foi um início de acesso ao mundo interno, e o não-medo de ser verdadeira comigo mesma, vital. Quando os ideais de si mesmo caem, começamos a trabalhar. Tento me orientar não pelos critérios de bom ou mal, certo ou errado, mas do que é verdadeiro em oposição ao falso.

É animador! Há alma nesse momento de comprometer-se com a cura dos elementos, com a cura das relações interpessoais e com um salto de consciência possível para uma América Latina que resgata sua verdadeira vocação. Natureza, feminilidade, cuidados de si e do ambiente, essa música ressoa e sigo bailando com meus mestres que já partiram e com meus pares de opostos que são complementares.

O Dharma é pavimentado e nunca é demais, uma vez mais, distinguir espiritualidade de religião.

A espiritualidade é de cada um, é singular, e encontramos nossos companheiros neste percurso, onde caminhamos até uma próxima estação acompanhados, para uma vez mais seguir para a individuação. Um grupo para sonhar e realizar junto é um conselho que dou para cada leitor, é esse momento tribal que sonhamos como a melodia neste século XXI. Não fui a única a perder o pai, o mestre, o grande outro simbólico de todo saber. Vejo essa marca como o sinal deste tempo para todos nós.

A Amazônia foi a maior companheira de lucidez que encontrei e é o fiel da balança do mundo moderno. Qual é o sentido do termo "amazonizar" o mundo? Em primeiro lugar, aplicar as leis e respeitá-las. Considerá-la como o corpo da terra e de todos os elementos vivos, com seus saberes e mistérios, com o que ainda podemos vir a descobrir. Temos a tarefa de nos entender, como tribo global, e a tarefa de preservar nossas fontes límpidas de onde brota a vida e é onde podemos nos conectar.

Uma última história para nos animar a seguir o caminho. Estávamos viajando de ônibus na Índia, Lama Gangchen, Lama Michel, um grupo em peregrinação que acabara de visitar Trijang Dordje Chang Rinpoche renascido naquela região, quando sentimos o choque com outro veículo que vinha na direção oposta. Que susto tremendo quando rolamos para o chão, aquela barulheira, um acidente grave acompanhado de um raio de lucidez que imediatamente me esclareceu que os Lamas não haviam nos tornado invulneráveis ao acidente. O que estavam oferecendo era uma maneira de lidar com a vulnerabilidade real.

Saímos na estrada na noite escura. Cada um com sua experiência nas mãos e no coração.

Parte V - O Corpo de Arco-Íris

Foi quando ouvi a voz de criança de Lama Michel:

Que noite linda, que noite bela, nunca vi em minha vida uma noite tão estrelada como essa.

E nos sentamos juntos no chão para admirar o céu.

Fim

MINHAS FONTES

ADKINSON, Robert. (Org.). *Simboli sacri*. Traduzione dall'inglese di Alessandra Iadicicco. Milano, Italia: L'ippocampo, 2012.

BARR, Stephen. *Experiments in Topology*. New York: Crowell, 1964.

BRUM, Eliane. *Banzeiro Òkotó*. Uma Viagem ao Centro do Mundo. São Paulo. Cia. das Letras, 2021.

CAMPBELL, Joseph. *O Herói de Mil Faces*. Tradução Adail Ubirajara Sobral. São Paulo: Cultrix/Pensamento, 1997.

CAPRA, Fritjof. *O Tao da Física*. São Paulo: Cultrix, 1987.

CESAR, Bel. *Grande Amor*: um objetivo de vida. Diálogos entre Bel Cesar e Lama Michel Rinpoche. Sao Paulo, Gaia, 2015.

CECCARELLI, Franco. *My name is Gindala*. Itália: Lama Gangchen Peace Publications, 2021.

DAVID-NEEL, Alexandra. *Tibete Magia e Mistério*. São Paulo: Hemus, 1978.

DIAS, Rafael Parente Ferreira. *Budismo tântrico: sexualidade e espiritualidade*. Curitiba: CRV, 2019.

DOWMAN, Keith. *La Danzarina del Cielo*. La Danzarina del Cielo. La Vida Secreta y Canciones de la Dama Yeshe Tsogyal. Shabda Ediciones, 2018.

DUNKER, Christian. São Paulo: *Por que Lacan*. São Paulo: Zagodoni, 2016.

EDINGER, Edward F. *Anatomia da Psique*. Tradução Adail Ubirajara Sobral e Maria Stela Gonçalves. São Paulo: Cultrix, 1990.

ELIADE, Mircea. *O sagrado e o profano*. São Paulo: Martins Fontes, 1992.

_____. *El Chamanismo Y Las Técnicas Arcaicas Del Éxtasis*. São Paulo: Martins Fontes, 1998.

FRANZ, Marie-Louise von. *Alquimia*. Tradução de Álvaro Cabral. São Paulo: Cultrix, 1993.

FREUD, Sigmund. *Além Do Princípio De Prazer*. Rio de Janeiro: Imago, 1976.

GOVINDA, Lama Anagarika. *Fundamentos do Misticismo Tibetano*. Tradução Dr. Georges da Silva e Rita Homenko. São Paulo: Pensamento, 1995.

HILLMAN, James. *Anima*. Tradução Gustavo Barcellos e Lucia Rosenberg. São Paulo: Cultrix, 1990.

JUNG, Carl Gustav. *Estudos Alquímicos*. v. 13. 4. ed. Petrópolis: Vozes, 2013.

LIMA, Leandro Mahalem de. *No Arapiuns, Entre Verdadeiros e Ranas*. Tese de Doutorado. USP: Departamento de Antropologia Social, 2015.

LOWEN, Alexander. *Alegria A entrega ao corpo e à vida*. 2. ed. Summus editorial, 1997.

MARCINIAK, Barbara. *Terra: Chaves Pleiadianas Para A Biblioteca Viva*. Tradução de Silvia Branco Sarzana. São Paulo: Ground, 1997.

MIELI, Paola. *Figuras do Espaço*. São Paulo: Annablume, 2016.

PALCOS, María Adela; GARLAND, Inés (colaboración). *Del cuerpo hacia la luz. El Sistema Rio Abierto*. Buenos Aires: Kier, 2011, p. 15-16.

REICH, Wilhelm. *A função do orgasmo*. São Paulo: Brasiliense, 1975.

PAXTON, Steve. *Gravidade*. São Paulo: n-1 ediçoes, 2021.

RINPOCHE, Lama Gangchen. *Autocura III*. São Paulo: LG Sarasvati, 1994.

_____. *Autocura II*. São Paulo: Edições Sherab, 1993.

_____. *Fazendo As Pazes Com o Meio Ambiente*. Primeiro livro. São Paulo: Centro de Dharma da Paz Shi De Tchö Tsog, 1996.

RINPOCHE, Michel. *Coragem Para Seguir Em Frente*. São Paulo: Gaia, 2006.

ROUDINESCO, Elisabeth. *Jacques Lacan: Esboço De Uma Vida, História De Um Sistema De Pensamento*. São Paulo: Companhia das Letras, 2008.

SOLER, Ramon Pascual Muñoz. *Antropologia de Sintesis. Signos, Ritmos y Funciones del Hombre Planetário*. Buenos Aires: Ediciones Depalma, 1980.

_____. Tríada. Revelación Re-velada - *De Profundis Egoencia*. Arcana Ediciones, 2008.

_____. *Gérmenes del Futuro en el Hombre*. Buenos Aires: Ediciones Araiu, 1967.

SOUZENELLE, Annick de. *O Simbolismo do Corpo Humano*. Tradução Frederico Ozanam Pessoa de Barros e Maria Elizabeth Leuba Salum. São Paulo: Pensamento, 1984.

TRUNGPA, Chogyam. Shambhala. A *Trilha Sagrada do Guerreiro*. Rio de Janeiro: Bertrand,1976.

VAZ, Florêncio. *História Dos Povos Indígenas Dos Rios Tapajós E Arapiuns a Partir Da Ocupação Portuguesa*. Santarém, 1997b, mimeo.

YUM, Jong Suk. *Doenças. Causas e tratamentos*. 3. ed. Edição do autor, s/d.

Sites

https://aachaa.wixsite.com/aachaa

www.centrodedharma.ngalso.org

www.ngalso.org/lamagangchenpeacefoundation

Minhas Fontes

www.rioabierto.com.br

www.saudeealegria.org.br/institucional

http://psicologiadafama.com.br

> "Controlar nossas reações emocionais assim como tomar medidas de ações ambientais se queremos proteger a Amazônia" diz Lama Gangchen em seu manuscrito *Oração de Louca Sabedoria*, utilizado na viagem de 1996.

Como qualquer pessoa em qualquer lugar do mundo pode colaborar com A REDE INTERDEPENDENTE POSITIVA (segundo o PSA em 02.02.2022)

Consumo

Algumas das principais atitudes que qualquer pessoa pode fazer para preservar a Amazônia, estão relacionadas ao consumo. De modo geral, o raciocínio é sempre buscar saber a origem e os impactos dos produtos. Alguns exemplos:

*atenção especial para saber a origem de madeira, couro, ouro e outros minerais

*diminuir o consumo/evitar carne de boi

*dar preferência a produtos que beneficiem as comunidades tradicionais e/ou que contribuam para manter a floresta em pé

*Ao escolher seus roteiros de turismo na Amazônia, procure saber se a renda gerada beneficia as comunidades locais, seja no Turismo de Base Comunitária, que é o mais próximo do ideal, seja em roteiros comerciais - perguntar-se: as trocas sao justas?

Voto

Além das atitudes que podemos tomar individualmente, também precisamos olhar para o sistema como um todo e, mesmo que você não seja super politizado, sua escolha conta, sim! O seu candidato prioriza a pauta ambiental? Como?

Comunicação

Uma vez que você entenda e incorpore essa prática de questionamento sobre as ações que protegem a Amazônia e/ou o meio ambiente como um todo, você pode passar essas ideias adiante. Na conversa com os amigos, no trabalho, nas redes sociais. Porém, cuidado com a desinformação e fake news: assim como fazemos com os produtos, também precisamos pesquisar a origem das informações que compartilhamos (e nas quais acreditamos).

Somos

Debora Laruccia e Matthias Schmitt-Rhaden colaboradores nos grupos de viagens; Nelson da Silveira, estudioso dos alimentos como promotor da saúde do corpo; José Labille Favero, nosso chef cozinheiro nos retiros e viagens, Rosa Maria Gurgel Farabotti e Eduardo Biral, atualmente dentistas no Xingu; Patrícia Concha, cultiva as hortas de lavanda, sálvia, alecrim e patchuli, além de cuidar do lago de flores de lótus; César Sartorelli, arquiteto e pesquisador do xamanismo; e Fausto Kutka, cineasta dedicado ao registro artístico da jornada aachaa, iniciado por Vicente Kutka. Magnólio, in memoria, foi um grande colaborador.

Na região Amazônica, nossos principais parceiros continuam sendo o Luiz Evandro Barbosa, o palhaço Pimentinha, Eugênio, Caetano e Thais, Fabio Penna e a equipe do Projeto Saúde e Alegria, Adhara, Dinael dos Anjos, Hermes, o Tucupi, Rosival Dias, o Curumin; Edith, Dadá e Poró Borari, Seu Salvador e família, Pedrinho e Conceição de Jamaraquá, Zulmira e Zulair Tapajós de Urucureá, Laudeco, Chico Malta e o professor Jackson. Também o Jânio Arapium.

Nossas amigas e cozinheiras Val, Raimunda, Salú, Iraci, Odeise, fundamentais para o sucesso das viagens.

Colaboram conosco Claudia Proushan, Daniel Calmanowicz, Marcos Labriola, Marcelo Delduque e Andrea Ribeiro, como fotógrafos que acompanharam as viagens, e Andrea Santanna, Andrea Velloso e equipes como cineastas.

Nossos antigos e novos amigos foram e sempre serão bem-vindos a colaborarem nas viagens.

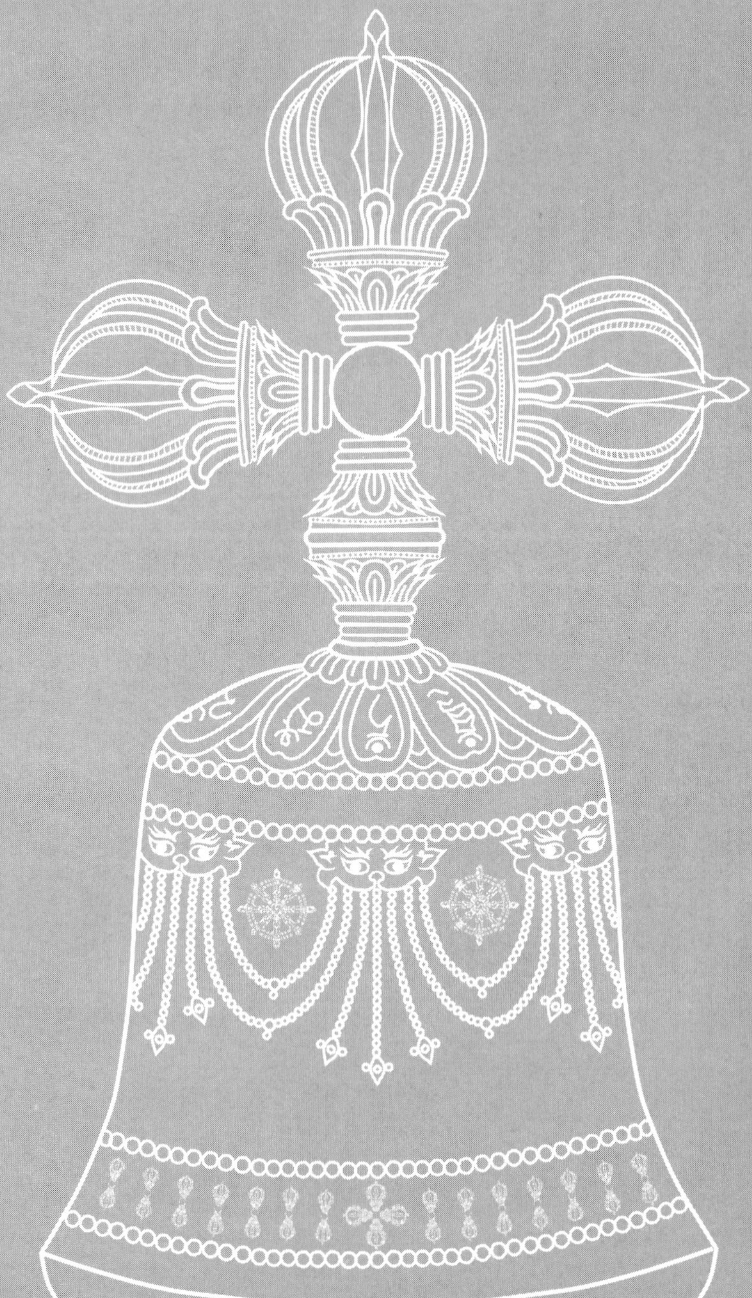

ZHING KHAM DJONG SO
Autocura Tântrica
Ngalso do Meio Ambiente
T.Y.S. Lama Gangchen

Prece e mantra para pedir a bênção do Guru-raiz Lama Gangchen (Lobsang Thupten Trinle Yarpel)

Lô-Tchog Zang-Po Pál-Guiúr Tráshi Pa
Thúb-Tchen Tên-Pe Trín-Le Yar-Ngo Da
Phêl Guie Drô-Lor Tsám-Pe Dzê-Pa Tchên
Pál-Den Láme Sháb-La Söl-Wa Déb

Auspício glorioso da mente de suprema virtude, ação divina dos ensinamentos dos Buddhas, benéfica como uma lua crescente, você age exatamente de acordo com a capacidade mental dos seres migrantes, para seu desenvolvimento e amadurecimento. Aos pés desse glorioso Guru, eu peço:

OM AH GURU VAJRADHARA SUMATI MUNI SHASSANE
KARMA UTTA VARDHANIE SHRI BHADRA WAR
SAMANYA SARWA SIDDHI HUM HUM (3X)

Por favor, abençoe-me para que eu realize os siddhis mundanos e extraordinários do Guru Vajradhara, a mente nobre da doutrina de Buddha, que aumenta a atividade dos Nobres Gloriosos.

Pedido das bênçãos de Guru Buddha

OM AH GURU BUDDHA SIDDHI HUM (chacra coroa)
OM AH GURU BUDDHA SIDDHI HUM (chacra garganta)
OM AH GURU BUDDHA SIDDHI HUM (chacra coração)
OM AH GURU BUDDHA SIDDHI HUM (chacra umbigo)
OM AH GURU BUDDHA SIDDHI HUM (chacra secreto)

Eliminação dos cinco principais venenos mentais

THA PHE (chacra secreto)
GA PHE (chacra umbigo)
NAGA PHE (chacra coração)
DJA PHE (chacra garganta)
PHAG PHE (chacra coroa)

Geração dos cinco lótus

PAM LE PEMA SERPO (chacra secreto)
PAM LE PEMA DJÁNGKU (chacra umbigo)
PAM LE PEMA KARPO (chacra coração)
PAM LE PEMA MARPO (chacra garganta)
PAM LE PEMA NGÖNPO (chacra coroa)

Geração das cinco sílabas sementes

EH (chacra coroa)
RAM (chacra garganta)
BAM (chacra coração)
YAM (chacra umbigo)
LAM (chacra secreto)

Geração dos mandalas dos cinco elementos

LAM LE SA KYIL SERPO LAM (chacra secreto)
YAM LE LUNG KYIL DJÁNKU YAM (chacra umbigo)
BAM LE TCHU KYIL KARPO BAM (chacra coração)
RAM LE ME KYIL MARPO RAM (chacra garganta)
EH LE NAM KYIL NGÖNGPO EH (chacra coroa)

Geração das Cinco Grandes Mães

EH LE DJUNGWA NAM KYIL YUM KYANG NGÖN (chacra coroa)
RAM LE DJUNGWA ME KYIL YUM KYANG MAR (chacra garganta)
BAM LE DJUNGWA TCHU KYIL YUM KYANG KAR (chacra coração)
YAM LE DJUNGWA LUNG KYIL YUM KYANG DJANG (chacra umbigo)
LAM LE DJUNGWA SA KYIL YUM KYANG SER (chacra secreto)

Purificação combinada do meio ambiente interno e externo

LAMA DJUNGWA NAMKA TAGMA YUM KYI RANGSHIN KHYEN
EH EH EH EH EH
EH HO SHUDDHE SHUDDHE SOHA
EH ADHIS KIANA ADISH KYITI SOHA

LAMA DJUNGWA SA TAGMA YUM KYI RANGSHIN KHYEN
LAM LAM LAM LAM LAM
LAM HO SHUDDHE SHUDDHE SOHA
LAM ADHIS KIANA ADISH KYITI SOHA

LAMA DJUNGWA LUNGUI TAGMA YUM KYI RANGSHIN KHYEN
YAM YAM YAM YAM YAM
YAM HO SHUDDHE SHUDDHE SOHA
YAM ADHIS KIANA ADISH KYITI SOHA

LAMA DJUNGWA TCHU TAGMA YUM KYI RANGSHIN KHYEN
BAM BAM BAM BAM BAM
BAM HO SHUDDHE SHUDDHE SOHA
BAM ADHIS KIANA ADISH KYITI SOHA

LAMA DJUNGWA ME TAGMA YUM KYI RANGSHIN KHYEN

RAM RAM RAM RAM RAM
RAM HO SHUDDHE SHUDDHE SOHA
RAM ADHIS KIANA ADISH KYITI SOHA

Seis Mantras e Seis Mudras

OM SÖBHAWA BISHUDHE DHARMA TE BENZA SIDDHI HUM

NAMA SARWA TATHAGATE BHYO BISHWA MUKE BHYE SARWA
TE KAM UGATE SPHARANA HI MAM GAGANA KAM SOHA

OM AMRITE HUM PHE

OM AKARO MUKAM SARWA DHARMA NAM ADYE
NUD PANNATUTE

NAMA SARWA TATHAGATA AVALOKITE OM SAMBHARA
SAMBHARA HUM

OM RURU SPHURU DZWALA TISHTA SIDDHA LOTSANI
SARWA ARDA SADHANAIE SOHA

Expressando o Poder da Verdade

Dág-Gui Sám-pe Tôb-Dhang Ni
Dhê-Shin Shê-Pe Djín-Tob Dhang
Tchö-Kyi Yíng-Kyi Tôb-Nam Kyi
Dhön-Dhag Gháng-Nam Sám-Pa Kün
Dhê-Dhag Tchám-Tche Tchí-Rig Par
Thôg-Pa Mê-Par Djüng-Guiur Tchig

Pelo poder dos meus pensamentos,
pelo poder das bênçãos dos Tatagathas
e pelo poder da esfera da realidade,
que todos os nossos desejos positivos sejam realizados
sem obstáculo algum.

Autocura do Meio Ambiente - Extremamente breve

HUM AH OM
OM AH HUM

Dedicação para a paz mundial

Pelo poder da verdade
Que a cultura violenta se transforme numa cultura de não violência. Cultura de paz, agora e sempre.
Tempos de paz,
dia de paz,
noite de paz,
dormir em paz, despertar em paz, semana de paz,
mês de paz,
ano de paz,
de ano a ano com paz,
vida de paz,
de vida em vida com paz, geração de paz,
de geração em geração com paz, família de paz,
amigos de paz, empresa de paz, escritório de paz, direção de paz,
mente de paz.
Paz com tudo, tudo com paz, por favor.

Copyright ©Débora Tabacof

deboratabacof@gmail.com   deboratabacof_

Todos os direitos reservados à autora. Esta publicação não poderá ser reproduzida no todo ou em parte sem a autorização prévia da editora.

Este livro obedece ao Novo Acordo Ortográfico da Língua Portuguesa

Coordenação editorial **Ofício das Palavras editora**

Revisão **Ofício das Palavras estúdio literário**

Projeto gráfico, capa e diagramação **Josimelo Diagramação**

Tratamento de imagem **André Cañada**

Fotografias **Andréa Ribeiro, Marcelo Delduque, Débora Tabacof, André Cañada e Marcos Labriola**

Ilustrações **André Cañada**

Tradução do prefácio **Daniel Calmanowitz**

Tradução da Zhink Kham Djong So **Monica Miguez Guimarães.**

Dados Internacionais de Catalogação na Publicação (CIP)
(eDOC BRASIL, Belo Horizonte/MG)

T112l	Tabacof, Débora.
	  Um lama tibetano na Amazônia / Débora Tabacof. – São José dos Campos, SP: Ofício das Palavras, 2023.
	  16 x 23 cm
	
	  ISBN 978-65-86892-77-2
	
	  1. Budismo. 2. Vida espiritual. I. Título.
	  <div align="right">CDD 294.3923</div>

Elaborado por Maurício Amormino Júnior – CRB6/2422

Ofício das Palavras
literatura a quatro mãos

www.oficiodaspalavras.com.br   oficio_das_palavras